KB232514

중국어 漢字·간체자 쓰기본 800字

분야 · 품사별로 새롭게 정리된

중국어 漢字 · 간체자 쓰기본 800字

초판 1쇄 인쇄	2009년 8월 10일	
초판 3쇄 발행	2015년 1월 5일	

편 저	김영조	
발 행 인	윤우상	
편 집	윤병호, 최준명	
북디자인	Design Didot 디자인 디도	
그 림	이일선	
발 행 처	송산출판사	
주 소	서울특별시 서대문구 홍제 4동 104-6	
전 화	(02) 735-6189	
팩 스	(02) 737-2260	
홈페이지	http://www.songsanpup.co.kr	
등록일자	1976년 2월 2일 제 9-40호	

ISBN 978-89-7780-142-4 13720

중국어 漢字 · 간체자

쓰기본 800字

김영조 편저

송산출판사

책을 열며

본서는 강의교재로 쓰거나 독학으로 쉽게 배울 수 있는 '중국어 漢字 쓰기본'을 특별 제작하려는 기획 하에 만들어진 현대중국어 漢字(간체자 포함) 쓰기본 교재입니다. 본서는 강의용으로 쓰일 수 있는 교재인 만큼 독자 여러분이나 강의 진행 선생님께서는 다음과 같이 기존 쓰기본과 차별화되는 본서의 특징을 고려하여 교재 채택이나 활용에 착오가 없기를 바랍니다.

본서의 특징

1 본 쓰기본의 漢字는 분야별과 품사별로 구성되어 있습니다.

본 쓰기본은 기존 중국어 漢字(간체자 포함) 쓰기본처럼 두서없는 漢字 나열식이나 사전식으로 가나다순이나 한어병음 알파벳순으로 되어있는 것과는 달리 각 漢字가 분야별과 품사별로 구성되어 있습니다. 총 44과로 나누어져 있어서 목차에서 찾고 싶은 분야에 가면 원하는 漢字를 바로 찾을 수 있습니다. 물론 한어병음 알파벳순으로도 찾을 수 있도록 책 뒷부분에 ABC순 색인이 있습니다.

2 본 쓰기본의 漢字는 HSK 漢字 등급요강 중 甲급 800字를 수록했습니다.

본 쓰기본의 漢字는 국내의 기존 기초 중국어회화책이나 각종 중국어 입문서인 첫걸음책에서 기본적으로 다루고 있는 漢字와 중국어 학습에서 꼭 배워야 할 기본 漢字를 중심으로 선별을 하여놓았습니다. 그 선별 기준은 외국인이 중국어를 공부할 때 이수해야 할 漢字인데요, 바로 중국의 대외한어 교육부가 선정한 HSK 漢字 등급요강(갑, 을, 병, 정)의 2,905자 중 가장 기초적인 漢字 갑급 800자를 수록하였습니다.

3 본 쓰기본의 漢字 800자 중 270字의 간체자는 간체자의 제작원리에 따라 구분을 해 놓았습니다.

본 쓰기본의 가장 큰 특징 중의 하나로 HSK 갑급 漢字 중 간체자 270字는 각각 간체자마다 그 만들어진 제작원리에 따라 정리를 해놓았습니다. 제작원리를 알아두면 그냥 무턱대고 외우는 것보다 학습효과가 보다 더 좋아, 머릿속에 오래 기억이 남게 됩니다. 또한 그 원리에 따라서 다른 간자체도 유추해서 어떤 漢字인지 알아낼 수 있습니다.

이상의 특징에서 알 수 있듯이 본서는 기존의 '간체자 쓰기본' (거의 책명이 잘못 표기되어 있음. 실제는 간자체외에도 10획미만의 正體字가 거의 대부분임. 예, 天, 地, 日, 好 등을 중국에서는 간체자라고는 하지 않음)과 분명히 차별되는 점이 많아 본서를 활용하는 학습자나 선생님께 도움이 많이 되었으면 하는 바람입니다.

본서는 새롭고 창의적인 쓰기본으로 기획된 책입니다. 그러나 앞으로 본서보다 더 이상적이고 체계적이며 아주 쉽게 간체자와 한자를 기억하고 익힐 수 있는 '중국어 한자 쓰기본 전문 교재' 가 교육 현장에서 강의경험이 풍부한 창의적인 선생님의 혜안에 의해서 기획되어 나올 것을 기대해 봅니다. 짧은 기간동안 간체자가 만들어진 원리를 알아내려고 중국의 간체자에 관한 자료들을 찾아보면서 서둘러 정리하느라 미흡한 점이 많은 본 쓰기본을 '중국어 한자 쓰기본 전문 교재' 로서 감히 세상에 내놓습니다. 강호 여러 제현들의 거침없는 질정을 바랍니다.

끝으로 본서를 만들면서 막막하기만 했던 모든 간체자의 제작원리를 아주 명쾌하게 설명해 놓은 중국의 간체자 관련 주요 참고도서의 편저자님들(张书岩, 江蓝生, 史定国, 张桂光, 李乐毅, 高更生, 苏培成 등)께 심심한 감사를 드립니다. 그리고 출판업 유사이래 최악의 불황이라는 요즘 같은 어려운 여건 속에서도 기획자의 기획안을 흔쾌히 받아들이고 출판을 해주신 송산출판사 윤우상 사장님과 편집부의 최고의 에디터분들께 다시 한번 깊은 감사의 말씀을 드립니다. 신의 축복이 늘 함께 하시길…

올해 첫눈이 오는 날 불암산에서
2008년 12월 金映潮

목차

• 간체자의 제작 규칙 10가지

현재 13억 중국인이 쓰고 있고, 전 세계적으로 통용되고 있는 중국의 문자인 간체자는 어떻게 만들어 졌을까요? 바로 다음과 같이 10가지 제작 규칙으로 만들어졌습니다.

규칙 1

形聲字의 원리로 만듦

園 ➡ 园

☞ 원(園)자 안의 袁(원)과 같은 발음인 元(원)으로 쓴 것입니다.

규칙 2

편방을 단순화해서 만듦

漢 ➡ 汉

☞ 한(漢)의 편방인 莫을 又로 단순화해서 만든 것입니다.

규칙 3

편방의 간체자 활용

説 ➡ 说

☞ 설(說)의 편방인 말씀 언(言)을 간체자화한 것입니다.

규칙 4

異體字로 대체

襪 ➡ 袜

☞ 古代에 통용된 異體字로 대체해서 만든 것입니다.

규칙 5

발음이 같은 글자로 대체

隻 ➡ 只

☞ 隻의 빌음이 zhi인데, 같은 발음인 只(zhi)로 대체해서 만든 것입니다.

규칙 6

초서체를 해서화해서 만듦

買 ➡ 戛 ➡ 买

☞ 買의 초서체인 '戛'의 모양을 본떠서 买를 만든 것입니다.

규칙 7

특징이 되는 부분을 선택

飛 ➡ 飞

☞ 비(飛)자의 특징적인 부분(飞)으로 글자를 만든 것입니다.

규칙 8

윤곽선으로 만듦

産 ➡ 产

☞ 産자의 전체 윤곽선에 해당하는 产으로 글자를 만든 것입니다.

규칙 9

옛 글자로 대체

萬 ➡ 万

☞ 옛날 중국 고대에 썼던 약자를 그대로 쓴 것입니다. 萬은 고대에 万으로 썼습니다.

규칙 10

俗字로 대체

體 ➡ 体

☞ 俗字로 써온 것으로 글자를 만든 것입니다. 体는 體의 속자로 써 왔습니다.

漢字·간체자
쓰기본 800字

1. 숫자

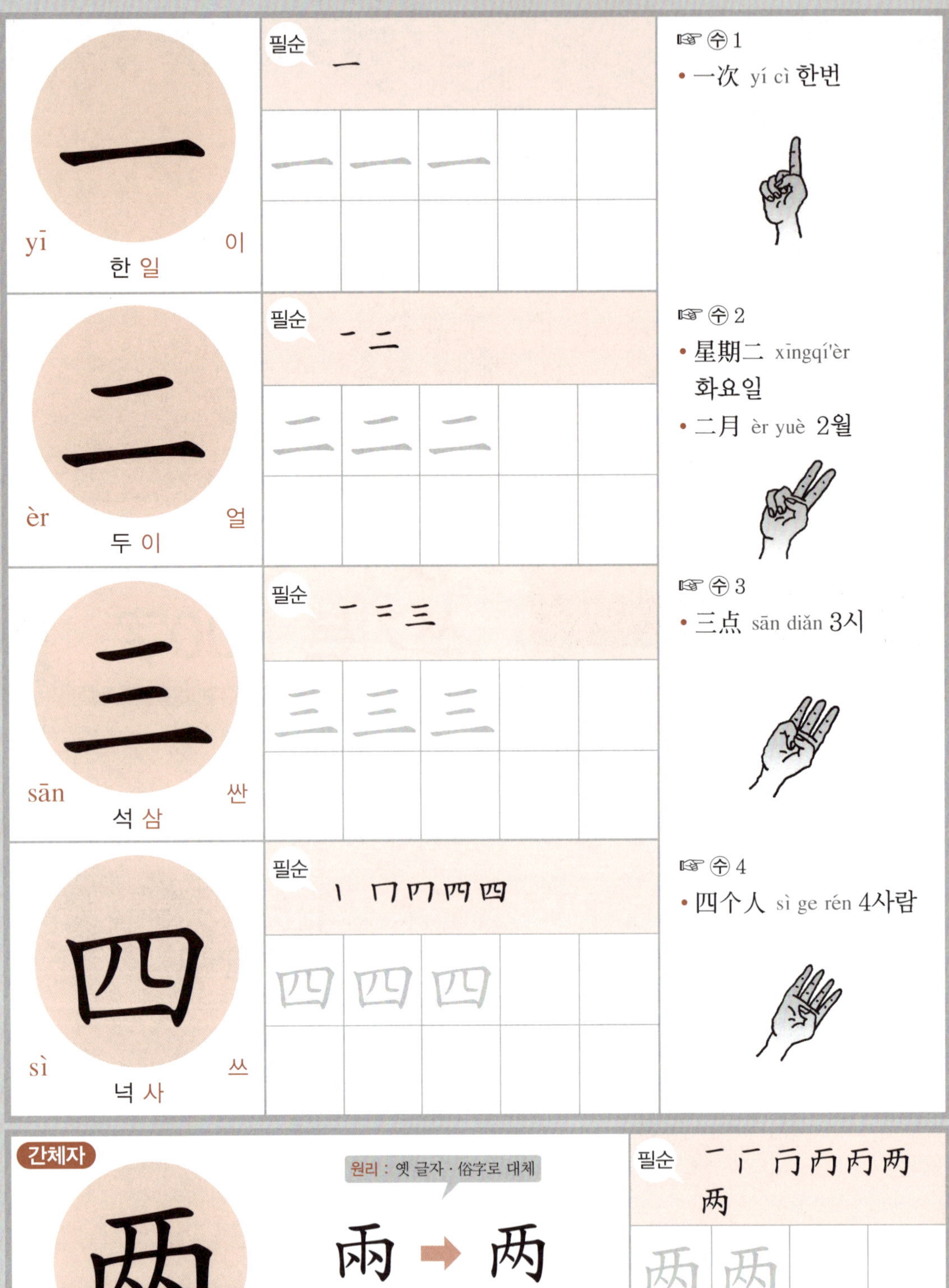

	필순	
一 yī 이 한 일	一	☞ ㉚1 • 一次 yí cì 한번
二 èr 얼 두 이	ˉ 二	☞ ㉚2 • 星期二 xīngqí'èr 화요일 • 二月 èr yuè 2월
三 sān 싼 석 삼	ˉ ニ 三	☞ ㉚3 • 三点 sān diǎn 3시
四 sì 쓰 넉 사	丨 冂 冂 四 四	☞ ㉚4 • 四个人 sì ge rén 4사람

간체자

両 ➡ 两

원리 : 옛 글자·俗字로 대체

两
liǎng 량
두 량

☞ ㉚2. 둘
• 两个人 liǎng ge rén 두 사람

필순: 一 ㄈ ㄈ 丙 丙 两 两

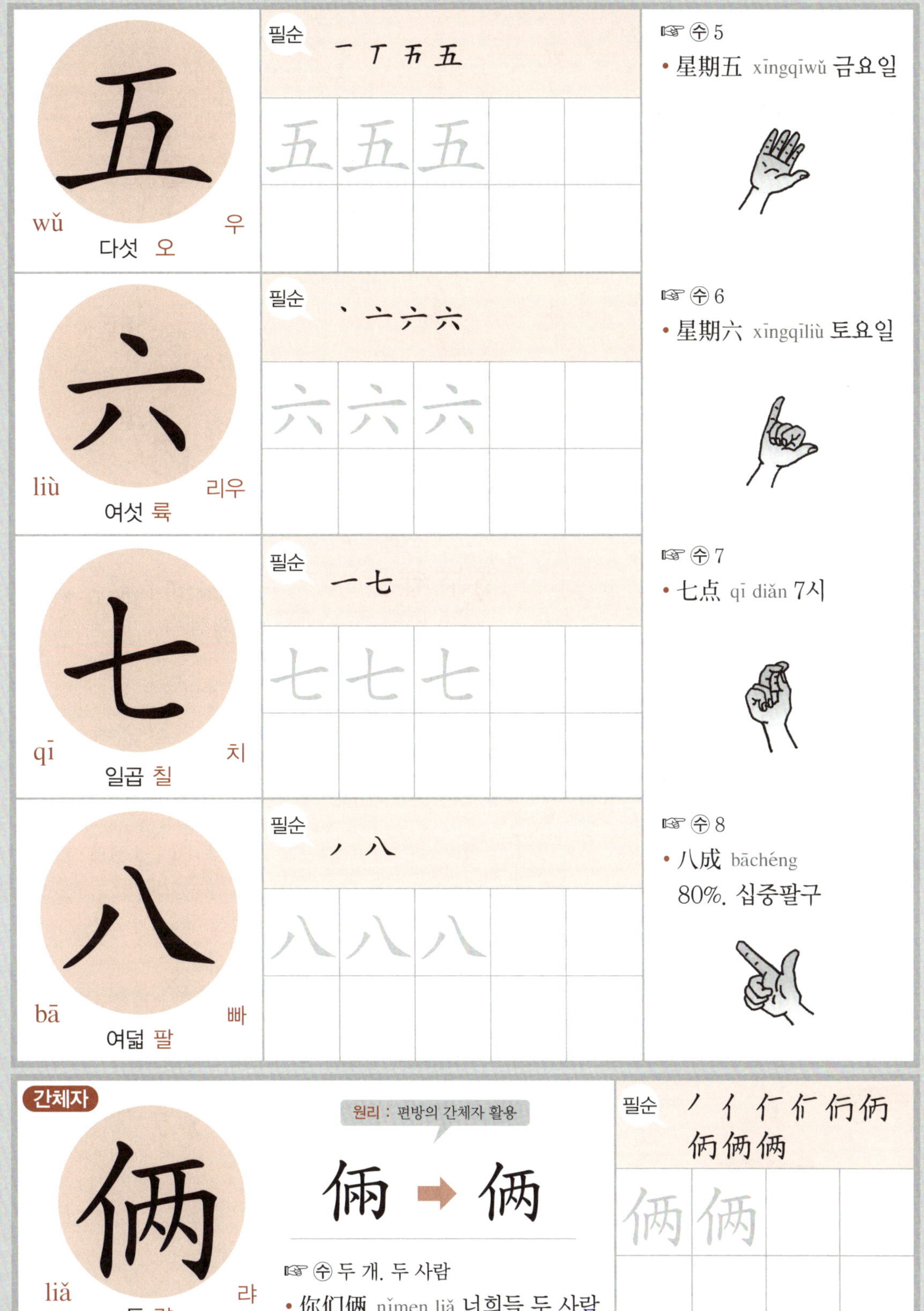

五 wǔ 우 / 다섯 오

필순: 一 丁 五 五

五 五 五

☞ 수 5
• 星期五 xīngqīwǔ 금요일

六 liù 리우 / 여섯 륙

필순: 、一 亠 六

六 六 六

☞ 수 6
• 星期六 xīngqīliù 토요일

七 qī 치 / 일곱 칠

필순: 一 七

七 七 七

☞ 수 7
• 七点 qī diǎn 7시

八 bā 빠 / 여덟 팔

필순: 丿 八

八 八 八

☞ 수 8
• 八成 bāchéng 80%. 십중팔구

간체자

원리 : 편방의 간체자 활용

倆 liǎ 랴 / 둘 량

倆 ➡ 俩

필순: 丿 亻 亻 俨 俨 俩 俩 俩 俩

俩 俩

☞ 수 두 개. 두 사람
• 你们俩 nǐmen liǎ 너희들 두 사람

九

jiǔ　지우
아홉 구

필순　丿九

九　九　九

☞ 수 9
• 九月 jiǔ yuè 9월

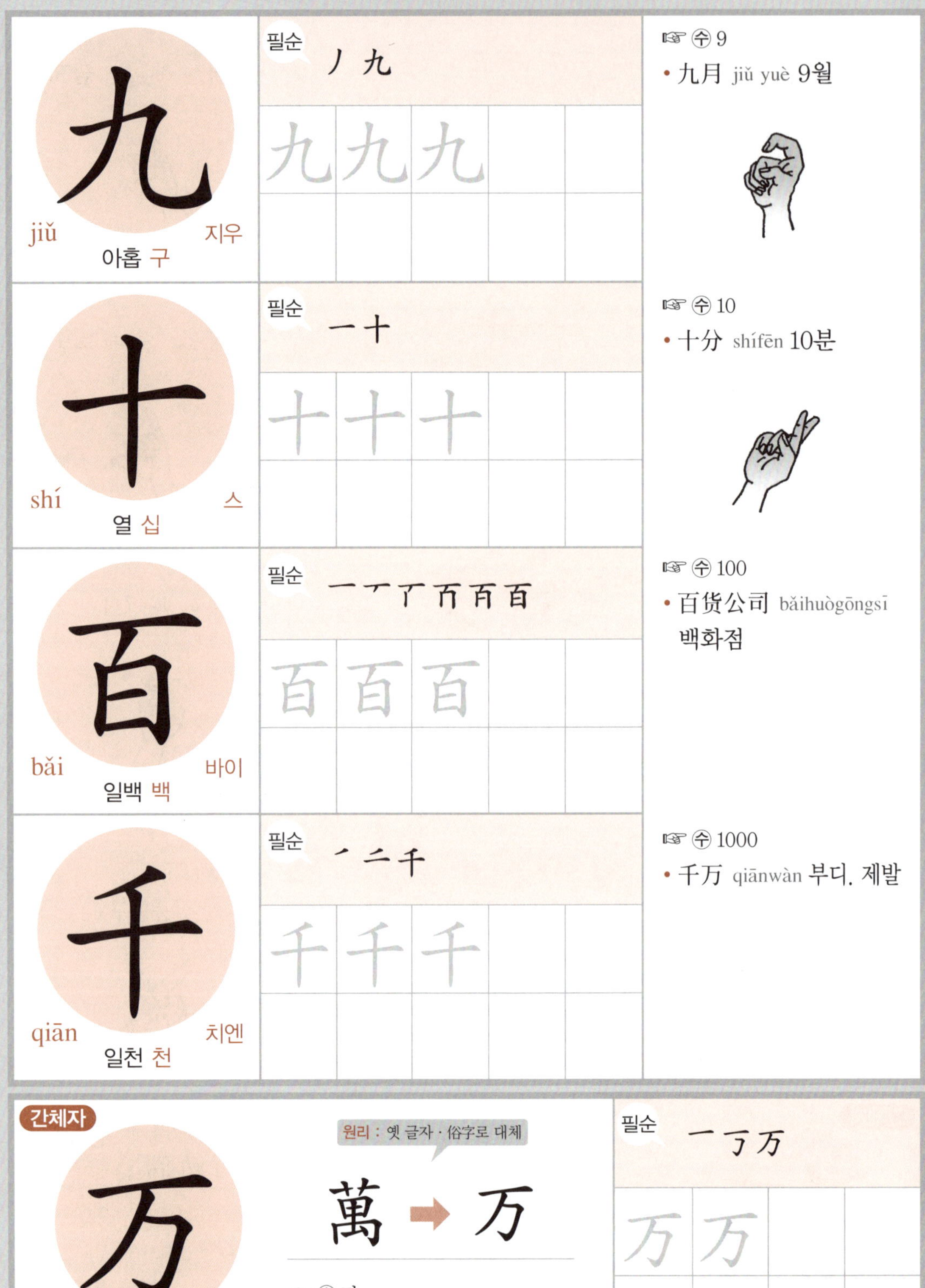

十

shí　스
열 십

필순　一十

十　十　十

☞ 수 10
• 十分 shífēn 10분

百

bǎi　바이
일백 백

필순　一丆丁万百百

百　百　百

☞ 수 100
• 百货公司 bǎihuògōngsī
백화점

千

qiān　치엔
일천 천

필순　一二千

千　千　千

☞ 수 1000
• 千万 qiānwàn 부디. 제발

간체자

万

wàn　완
일만 만

원리 : 옛 글자·俗字로 대체

萬 ➡ 万

☞ 수 만
• 万万 wànwàn 억(億)

필순　一𠃌万

万　万

半

bàn 빤

절반 반

필순 丶 丷 丷 兰 半

半 半 半

☞ ㊅ 반

• 半天 bàntiān 반나절. 한참

零

líng 링

영 령

필순 一 ㄱ 冖 币 雨 雨 雨 雨 雨 雰 雵 霁 零 零

零 零 零

☞ ㊅ 0. 제로

• 零钱 língqián 잔돈

拾

shí 스

주을 습

필순 一 十 扌 扌 扌 扵 拎 拾 拾

拾 拾 拾

☞ ㊐ 줍다 ㊂ 10의 갖은 자

• 收拾 shōushi 치우다

간체자

亿

yì 이

억 억

원리 : 形声字의 원리로 만듦

億 → 亿

☞ ㊅ 억

• 10 亿 shí yì 10 억

필순 ノ 亻 亿

亿 亿

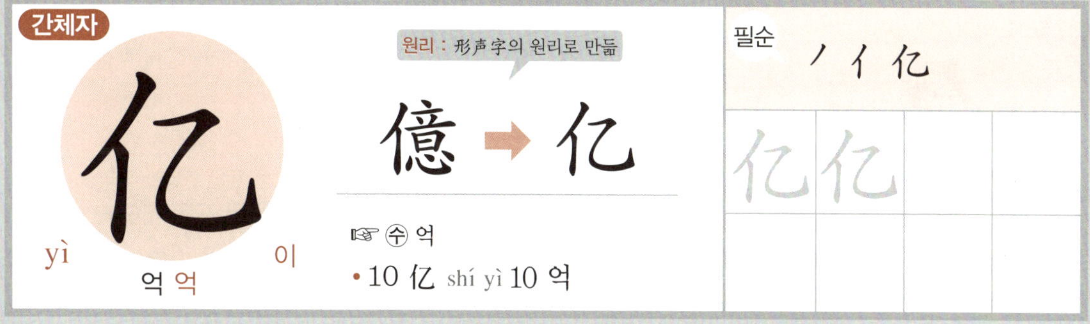

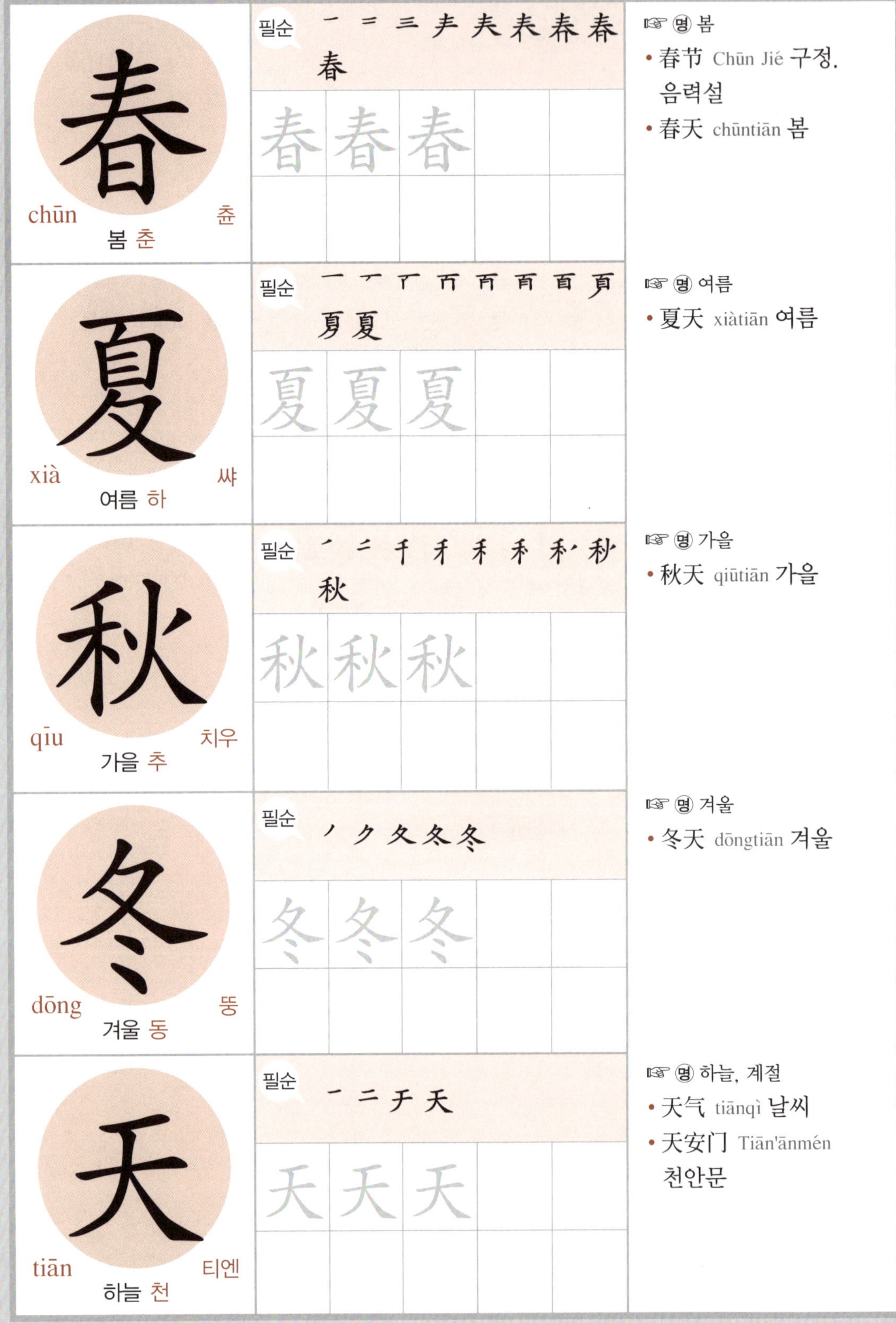

春		
chūn		춘
봄 춘		

필순 一 二 三 声 夫 表 春 春 春

☞ 몡 봄
- 春节 Chūn Jié 구정. 음력설
- 春天 chūntiān 봄

夏		
xià		쌰
여름 하		

필순 一 ア ア 万 万 百 百 頁 頁 夏 夏

☞ 몡 여름
- 夏天 xiàtiān 여름

秋		
qiū		치우
가을 추		

필순 ´ 二 千 千 禾 禾 秋 秋

☞ 몡 가을
- 秋天 qiūtiān 가을

冬		
dōng		뚱
겨울 동		

필순 ノ ク 夂 冬 冬

☞ 몡 겨울
- 冬天 dōngtiān 겨울

天		
tiān		티엔
하늘 천		

필순 一 二 千 天

☞ 몡 하늘, 계절
- 天气 tiānqì 날씨
- 天安门 Tiān'ānmén 천안문

	필순 一 丆 亓 西 西 西	☞ 몡 서쪽 • 西边 xībian 서쪽
西 xī 서쪽 서　씨	西 西 西	
南 nán 남녘 남　난	필순 一 十 十 内 内 内 南 南 南 南 南 南	☞ 몡 남쪽 • 南边 nánbian 남쪽
北 běi 북녘 북　베이	필순 一 十 士 北 北 北 北 北	☞ 몡 북쪽 • 北边 běibiān 북쪽 • 北京 Běijīng 북경

간체자 东 dōng 동녘 동　뚱	원리 : 초서체를 해서화해서 만듦 東 ➡ 东 ➡ 东 ☞ 몡 동쪽 • 东边 dōngbian 동쪽 • 东西 dōngxi 물건	필순 一 七 车 车 东 东 东
边 biān 가 변　비엔	원리 : 옛 글자·俗字로 대체 邊 ➡ 边 ☞ 쥅 …쪽 • 后边 hòubian 뒤	필순 フ 力 力 边 边 边 边

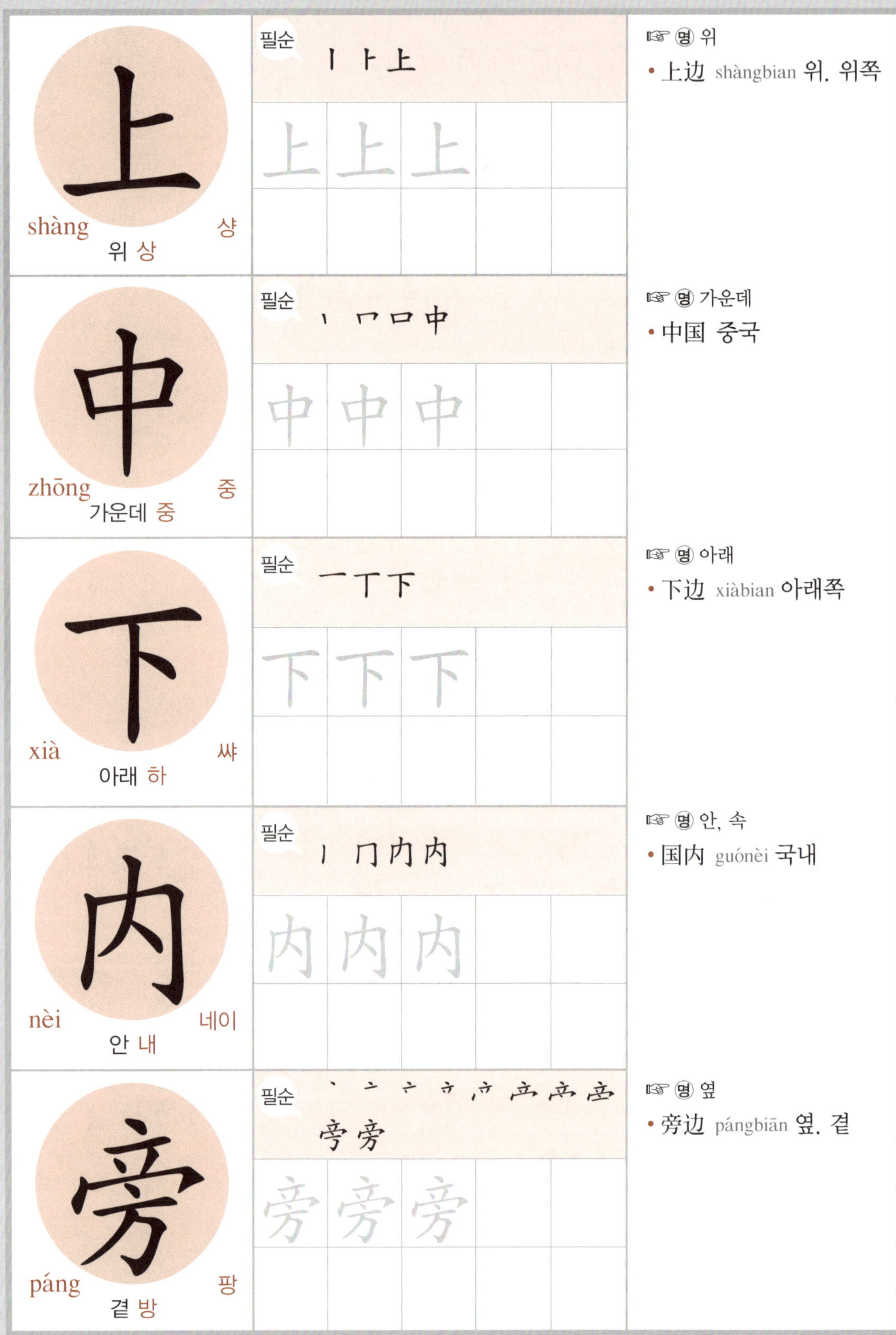

| 上 | 필순 | 丨 上 上 | ☞ 몡 위 |
| shàng 상 / 위 상 | | 上 上 上 | • 上边 shàngbian 위. 위쪽 |

| 中 | 필순 | 丨 口 口 中 | ☞ 몡 가운데 |
| zhōng 중 / 가운데 중 | | 中 中 中 | • 中国 중국 |

| 下 | 필순 | 一 丁 下 | ☞ 몡 아래 |
| xià 쌰 / 아래 하 | | 下 下 下 | • 下边 xiàbian 아래쪽 |

| 内 | 필순 | 丨 冂 内 内 | ☞ 몡 안, 속 |
| nèi 네이 / 안 내 | | 内 内 内 | • 国内 guónèi 국내 |

| 旁 | 필순 | 丶 亠 产 产 产 亭 旁 旁 | ☞ 몡 옆 |
| páng 팡 / 곁 방 | | 旁 旁 旁 | • 旁边 pángbiān 옆. 곁 |

外

wài 와이

바깥 외

필순 ノ ク タ 夘 外

外 外 外

☞ 명 밖

• 外边 wàibian 바깥

• 外国 wàiguó 외국

左

zuǒ 쭤

왼 좌

필순 一 ナ 𠂇 左 左

左 左 左

☞ 명 왼쪽

• 左边 zuǒbian 왼쪽, 좌측

• 左右 zuǒyòu 가량

右

yòu 여우

오른편 우

필순 ノ ナ 𠂇 右 右

右 右 右

☞ 명 오른쪽

• 左右 zuǒyòu 가량, 안팎

• 右边 yòubian 오른쪽

面

miàn 미엔

낯 면

필순 一 ア ア 丙 而 而 而 而 面

面 面 面

☞ 명 쪽

• 方面 fāngmiàn 방면

간체자

里

lǐ 리

안 리

원리 : 발음이 같은 글자로 대체

裏 → 里

☞ 명 안

• 里边 lǐbian 안, 속

• 这里 zhèlǐ 여기

필순 丨 冂 日 日 旦 甲 里

里 里

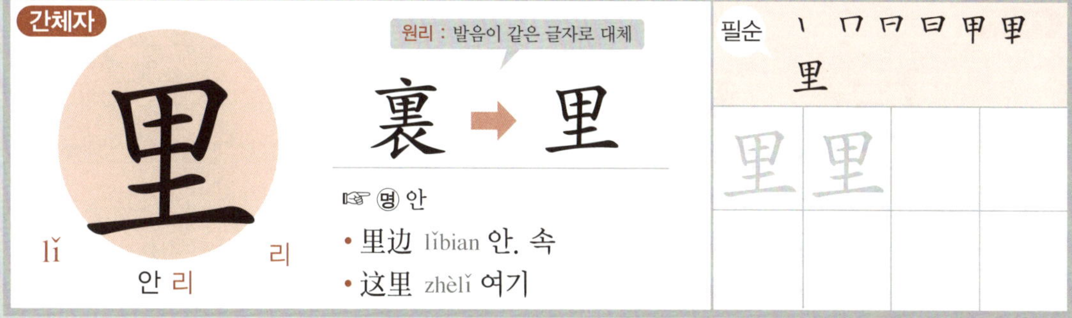

	필순	
男 nán 사내 남　난	丿 丨 冂 冂 田 田 甲 男 男 男 男	☞ 명 남자 • 男孩 nánhái 남자 아이
女 nǚ 계집 녀　뉴	乀 夊 女 女 女 女	☞ 명 여자 • 女儿 nǚ'ér 딸
青 qīng 푸른빛 청　칭	一 十 キ 主 丰 青 青 青 青 青 青	☞ 형 푸르다　명 청년 • 青年 qīngnián 청년
民 mín 백성 민　민	乛 彐 尸 尸 民 民 民 民	☞ 명 백성 • 人民 rénmín 국민

간체자	원리 : 초서체를 해서화해서 만듦	필순
农 nóng 농사 농　농	農 ➡ 農 ➡ 农 ☞ 명 농업 • 农村 nóngcūn 농촌 • 农民 nóngmín 농민	丶 亠 宀 农 农 农 农 农

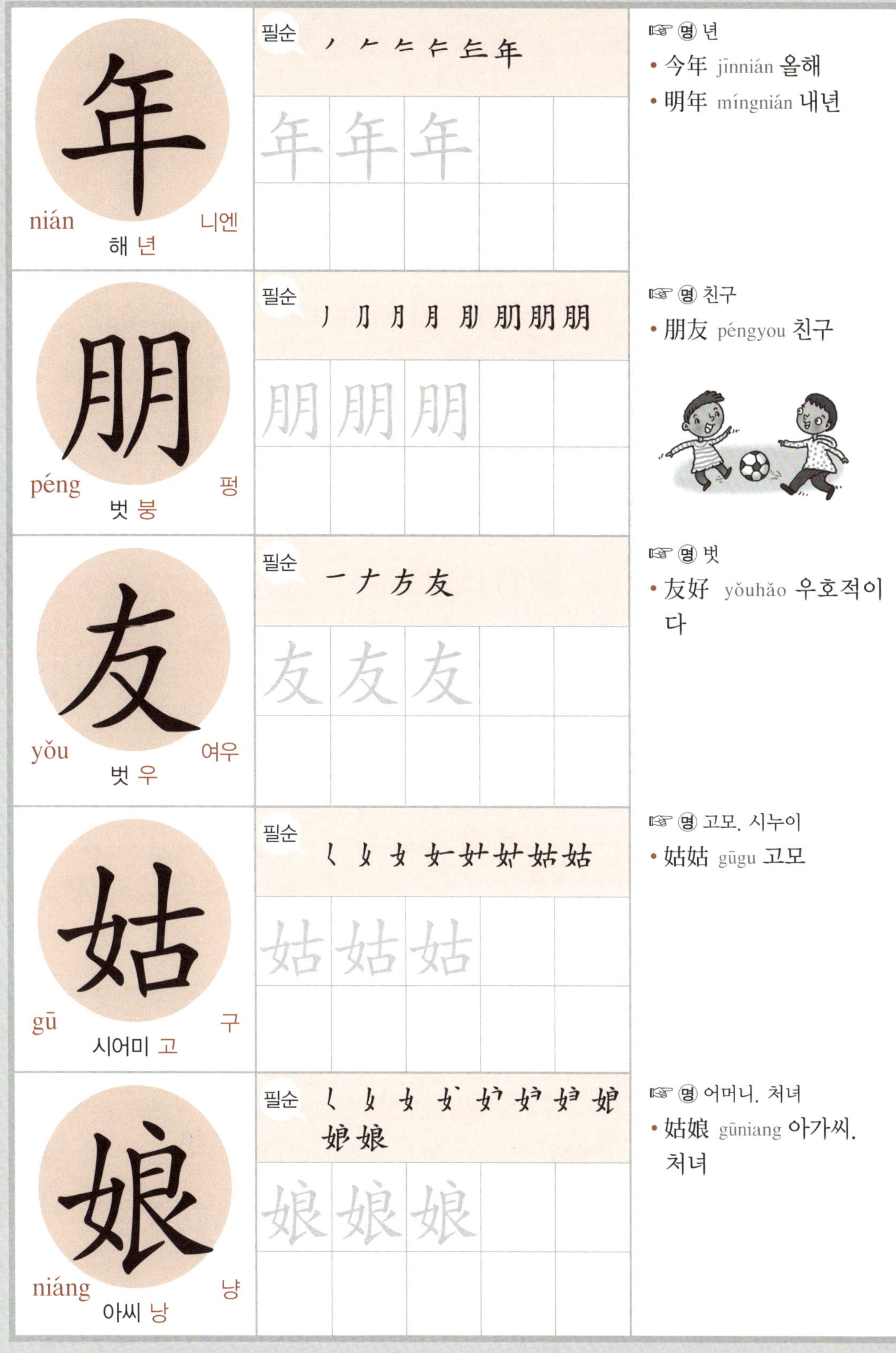

年

nián　니엔
해 년

필순　ノ ヒ ヒ ヒ 年

年 年 年

☞ 명 년
- 今年 jīnnián 올해
- 明年 míngnián 내년

朋

péng　펑
벗 붕

필순　丿 刀 月 月 朋 朋 朋 朋

朋 朋 朋

☞ 명 친구
- 朋友 péngyou 친구

友

yǒu　여우
벗 우

필순　一 ナ 方 友

友 友 友

☞ 명 벗
- 友好 yǒuhǎo 우호적이다

姑

gū　구
시어미 고

필순　く 女 女 女 女 好 好 姑 姑

姑 姑 姑

☞ 명 고모. 시누이
- 姑姑 gūgu 고모

娘

niáng　냥
아씨 낭

필순　く 女 女 女 女 女 好 娘 娘 娘

娘 娘 娘

☞ 명 어머니. 처녀
- 姑娘 gūniang 아가씨. 처녀

小 xiǎo 쌰오 작을 소	**필순** ㅣ 小 小	☞ 혤 작다 • 小孩儿 어린애
	小 小 小	

姐 jiě 지에 맏누이 저	**필순** 乚 夕 女 如 如 如 姐 姐	☞ 몡 누나 • 空中小姐(空姐) *kōngzhōng xiǎojie* 스튜어디스
	姐 姐 姐	

同 tóng 통 한가지 동	**필순** ㅣ 冂 冂 同 同 同	☞ 혤 같다 • 同学 *tóngxué* 동창. 학우
	同 同 同	

局 jú 쥐 방 국	**필순** ㇋ ㇕ 尸 戸 局 局 局	☞ 몡 국 • 邮局 *yóujú* 우체국
	局 局 局	

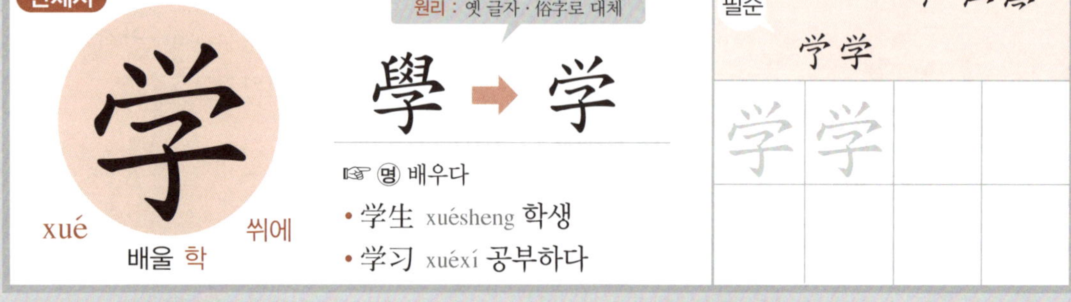

傅 fù °푸 스승 부	필순 ㇓ 亻 亻 侑 侑 侑 傅 傅 傅 傅 傅 傅 傅 傅	☞ 몡 스승 • 师傅 shīfu 스승. 일반 인의 존칭
志 zhì 즈 뜻 지	필순 一 十 士 士 志 志 志 志 志 志	☞ 몡 의지. 뜻 • 同志 tóngzhì 동지
先 xiān 씨엔 먼저 선	필순 丿 ㇒ 屮 生 先 先 先 先 先	☞ 부 먼저 • 先后 선후. 앞뒤
老 lǎo 라오 늙을 로	필순 一 十 土 耂 耂 老 老 老 老	☞ 혱 늙다 • 老人 lǎorén 노인

간체자

师
shī 스
스승 사

원리 : 옛 글자·俗字로 대체

師 ➡ 师

☞ 몡 스승
• 老师 lǎoshī 선생님

필순 丿 丬 丬 ㇉ 师 师 师
师 师

家 jiā 샤 집 가	필순 `丶 丶 宀 宀 宁 宇 宇 家 家`	☞ 몡 집 • 国家 guójiā 국가
庭 tíng 팅 뜰 정	필순 `丶 二 广 广 庐 庐 庭 庭 庭`	☞ 몡 대청. 홀 • 家庭 jiātíng 가정
房 fáng °팡 살 집 방	필순 `丶 丶 ヮ 丬 戸 戸 房 房`	☞ 몡 방 • 房间 fángjiān 방 • 房子 fángzi 집. 건물

간체자

| 床 chuáng 촹
평상 상 | 원리 : 옛 글자·俗字로 대체
牀 ➡ 床
☞ 몡 침대
• 起床 qǐchuáng 기상하다 | 필순 `丶 二 广 广 庐 床 床`
床 床 |
| 间 jiān 지엔
사이 간 | 원리 : 편방의 간체자 활용
間 ➡ 间
☞ 몡 사이
• 中间 zhōngjiān 가운데
• 时间 shíjiān 시간 | 필순 `丶 门 门 问 问 间`
间 间 |

7. 가족

爸 bà 아비 파　빠	필순　ノ ハ ク 父 グ 爷 爷 爸 爸 爸 爸 爸	☞ 명 아버지 • 爸爸 bàba 아빠. 아버지
父 fù 아비 부　°푸	필순　ノ ハ ク 父 父 父 父	☞ 명 아버지 • 父亲 fùqīn 아버지
母 mǔ 어미 모　무	필순　乚 卫 马 母 母 母 母 母	☞ 명 어머니 • 母亲 mǔqīn 모친. 　어머니
哥 gē 언니 가　그어	필순　一 「 「 呂 呂 可 팤 팤 뀸 뀸 哥 哥 哥 哥	☞ 명 형 • 哥哥 gēge 형. 오빠

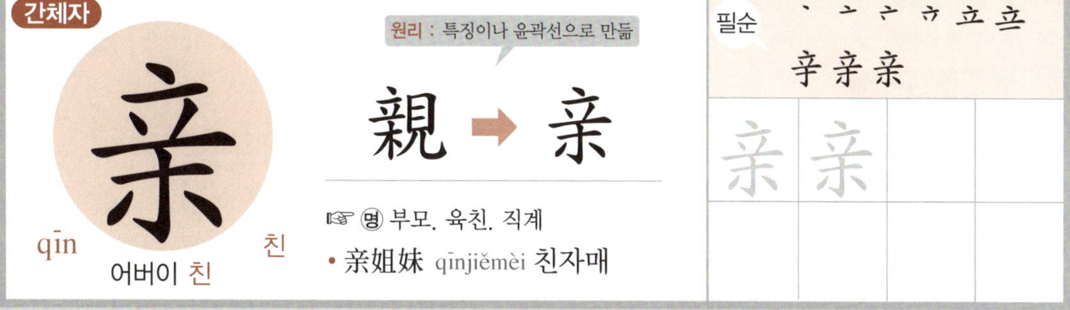

| 간체자

亲
qīn
어버이 친　친 | 원리 : 특징이나 윤곽선으로 만듦

親 ➡ 亲

☞ 명 부모. 육친. 직계
• 亲姐妹 qīnjiěmèi 친자매 | 필순　丶 丶 一 一 立 立
辛 辛 亲

亲 亲 |

人 rén 런 사람 인	필순　丿 人 人 人 人	☞ 몡 사람 • 客人 kèrén 손님
弟 dì 띠 아우 제	필순　丶 丷 丷 丩 弣 弟 弟 弟 弟 弟	☞ 몡 동생 • 弟弟 dìdi 아우. 남동생
妹 mèi 메이 누이 매	필순　乚 夂 女 女 妹 妹 妹 妹 妹 妹 妹	☞ 몡 여동생 • 妹妹 mèimei 누이 동생

今 jīn 진 / 이제 금

필순: ノ 人 ㅅ 今

今 今 今

☞ 명 오늘
• 今天 jīntiān 오늘
• 今年 jīnnián 금년

昨 zuó 쭤 / 어제 작

필순: 丨 冂 冂 日 日 日' 日乍 日乍 昨

昨 昨 昨

☞ 명 어제
• 昨天 zuótiān 어제

明 míng 밍 / 밝을 명

필순: 丨 冂 冂 日 日 明 明 明

明 明 明

☞ 명형 밝다. (오늘의) 다음
• 明年 míngnián 내년
• 明天 míngtiān 내일

前 qián 치엔 / 앞 전

필순: 丶 丷 丷 产 芍 芍 前 前

前 前 前

☞ 명 앞
• 以前 yǐqián 이전에
• 前边 qiánbiān 앞(쪽)

간체자

后 hòu 허우 / 뒤 후

원리 : 발음이 같은 글자로 대체

後 ➡ 后

☞ 명 뒤
• 后边 hòubian 뒤
• 以后 yǐhòu 이후

필순: ノ 厂 厂 斤 后 后

后 后

晨 chén 천 샛별 신	필순 丶 冂 冂 日 日 尸 尸 尽 晨 晨 晨 晨 晨 晨	☞ 몡 새벽 • 早晨 zǎochén 아침 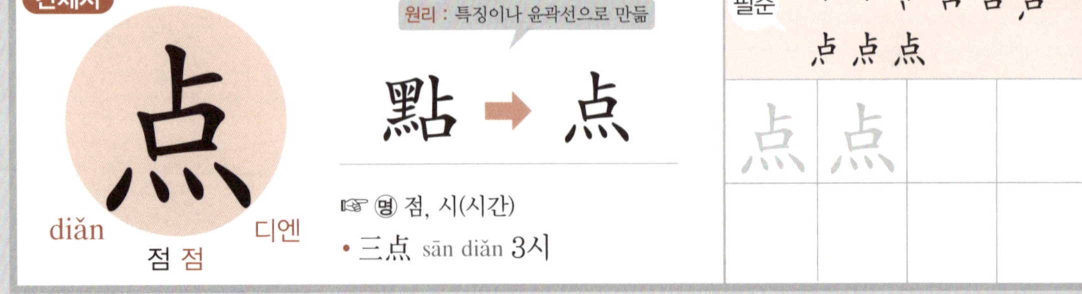
星 xīng 씽 별 성	필순 丶 冂 冂 日 尸 旦 旦 早 星 星 星 星	☞ 몡 별 • 星期 xīngqī 주. 요일 • 星期日 xīngqīrì 일요일
期 qī 치 때 기	필순 一 十 卄 世 世 甘 其 其 其 剘 期 期 期 期 期 期	☞ 몡 시기 • 假期 jiàqī 휴가기간
午 wǔ 우 낮 오	필순 丿 亠 𠂉 午 午 午 午	☞ 몡 정오 • 下午 xiàwǔ 오후 • 上午 shàwǔ 오전

点 diǎn 점 점 디엔	원리 : 특징이나 윤곽선으로 만듦 點 ➡ 点 ☞ 몡 점, 시(시간) • 三点 sān diǎn 3시	필순 丶 卜 占 占 占 占 点 点 点 点 点

| 早 | 필순 丨 冂 冂 日 旦 早 | ☞ 형 이르다 |
| zǎo 짜오
이를 조 | 早 早 早 | • 早上 zǎoshang 아침 |

| 晚 | 필순 丨 冂 冂 日 日' 日'' 日'' 昉
昉 昡 晚 | ☞ 형 늦다 |
| wǎn 완
늦을 만 | 晚 晚 晚 | • 晚上 wǎnshang 저녁 |

| 夜 | 필순 丶 一 亠 广 疒 夜 夜 夜 | ☞ 명 저녁 |
| yè 이에
밤 야 | 夜 夜 夜 | • 夜里 yèli 밤중 |

| 候 | 필순 丿 亻 亻 仁 伫 伫 佢 佢
侯 候 | ☞ 명 철. 때 |
| hòu 허우
기다릴 후 | 候 候 候 | • 时候 shíhou 때 |

간체자

| 时 | 원리 : 옛 글자·俗字로 대체
時 ➡ 时
☞ 명 때
• 时间 shíjiān 시간 | 필순 丨 冂 日 日 日一 时
时
时 时 |
| shí 스
때 시 | | |

9. 교통

船	필순	☞ 명 배
chuán 배 선　　찬	` ⺆ ⺆ ⺆ ⺆ 舟 舟 舟 舟 船 船	• 划船 huá chuán 배를 젓다

火	필순	☞ 명 불
huǒ 불 화　　훠	` ⺌ ⺌ 少 火	• 火车 huǒchē 기차 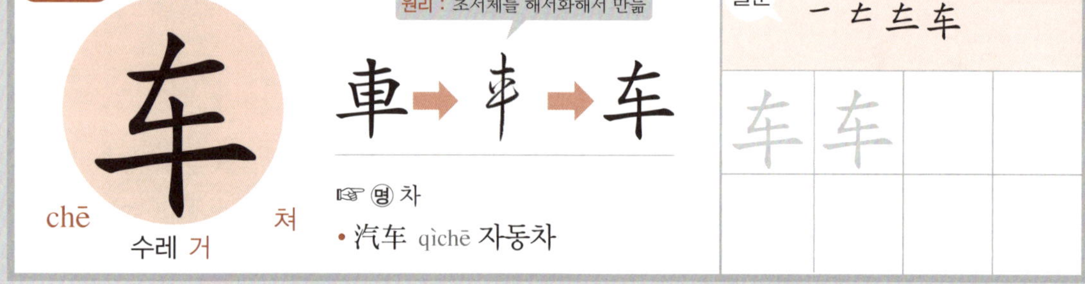

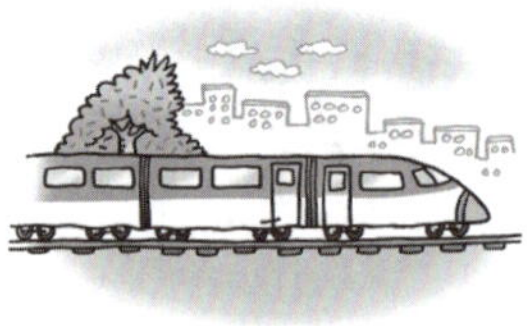

坐	필순	☞ 동 앉다. 타다
zuò 앉을 좌　　쭤	丿 人 人 坐 坐 坐 坐	• 坐飞机 zuò fēijī 비행기를 타다

站	필순	☞ 명 서다
zhàn 우두커니 설 참　　쟌	` ⺀ ⺀ ⺙ 立 立 立 站 站 站	• 车站 chēzhàn 역

간체자	원리 : 초서체를 해서화해서 만듦	필순
车 chē 수레 거　　쳐	車 ➜ 車 ➜ 车 ☞ 명 차 • 汽车 qìchē 자동차	一 ナ 左 车

| 公 gōng 꽁
공변될 공 | 필순　ノ 八公公

公 公 公 | ☞ 형 국유의. 공공의
• 公共汽车 gōnggòngqìchē 버스 
 |

| 共 gòng 꽁
함께 공 | 필순　一 十 卄 共 共 共

共 共 共 | ☞ 부 전부
• 一共 yígòng 모두. 합계 |

| 汽 qì 치
김 기 | 필순　丶 丶 氵 氵 汽 汽 汽

汽 汽 汽 | ☞ 명 증기
• 汽车 qìchē 자동차 |

간체자

| 飞 fēi °페이
날 비 | 원리 : 특징이나 윤곽선으로 만듦

飛 ➡ 飞

☞ 동 날다
• 飞机 fēijī 비행기 | 필순　乁 乁 飞

飞 飞 |

| 机 jī 지
기계 기 | 원리 : 편방의 간체자 활용

機 ➡ 机

☞ 명 기계
• 机场 jīchǎng 공항 | 필순　一 十 才 木 机 机

机 机 |

| 生 | 필순 | ノ ト ヒ 牛 生 | ☞ 동 낳다. 생기다 · 生病 shēngbìng 병이 나다 |
| shēng 성 / 날 생 | | 生 生 生 | |

| 大 | 필순 | 一 ナ 大 | ☞ 형 크다 · 大家 dàjiā 모두 · 大夫 dàifu 의사 |
| dà, dài 따, 따이 / 큰 대 | | 大 大 大 | |

| 夫 | 필순 | 一 二 ＝ 夫 | ☞ 명 남편 · 夫人 fūrén 부인(아내의 높임말) |
| fū °푸 / 지아비 부 | | 夫 夫 夫 | |

| 院 | 필순 | ３ ┌ ┌` ┌` ┌` 阝 阝 阝 阝 院 | ☞ 명 공공장소 · 出院 chū yuàn 퇴원하다 · 住院 zhù yuàn 입원하다 |
| yuàn 위엔 / 학교 원 | | 院 院 院 | |

| 医 | | | 필순 | 一 丆 丆 ㄷ 듯 医 |
| yī 이 / 의원 의 | ☞ 명 의사 · 医生 yīshēng 의사 · 医院 yīyuàn 병원 | | | 医 医 |

| 病
bìng
삥
병들 병 | 필순 、 一 广 广 疒 疒 疒 病
病 病
病 病 病 | ☞ 동 병나다
• 病了 bìng le 병이 났다 |

| 感
gǎn
깐
감동할 감 | 필순 丿 厂 厂 厂 厂 成 咸
咸 咸 感 感 感
感 感 感 | ☞ 동 느끼다
• 感冒 gǎnmào 감기에 걸
리다 |

| 冒
mào
마오
무릅쓸 모 | 필순 丶 冂 冃 曰 冐 冒 冒 冒
冒
冒 冒 冒 | ☞ 동 무릅쓰다
• 冒险 màoxiǎn 모험하다 |

| 看
kàn
칸
볼 간 | 필순 一 二 三 手 矛 看 看 看
看
看 看 看 | ☞ 동 보다. 문병가다
• 看病 kàn bìng 문병하다 |

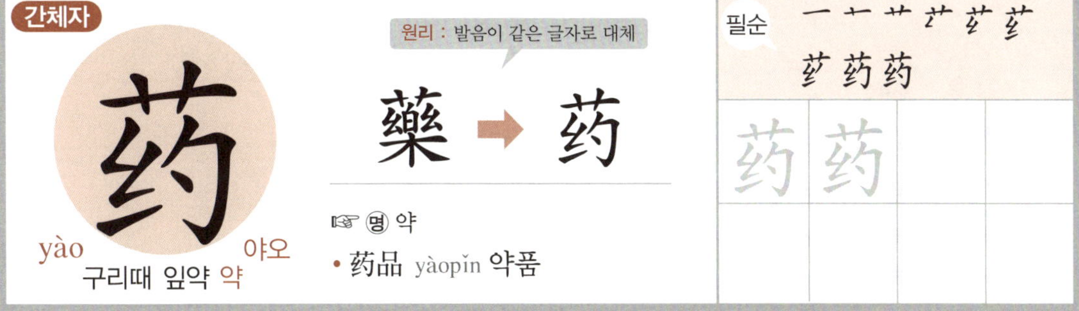

간체자

药
yào
야오
구리때 잎약 약

원리 : 발음이 같은 글자로 대체

藥 ➡ 药

☞ 명 약
• 药品 yàopǐn 약품

필순 一 十 艹 艿 艿 药
药 药 药
药 药

| 疼
téng 텅
아플 **동** | 필순 `丶 亠 广 广 广 疒 疒 疼 疼` `疼 疼`
疼 疼 疼 | ☞ **동** 아프다
• 头疼 tóu téng 머리가 아
프다
 |

☞ **동** 기침하다
• 咳嗽药 késouyào
기침약

| 咳
ké 커
기침 **해** | 필순 `口 口' 口广 吃 咳 咳 咳`
咳 咳 咳 |

☞ **명** 기침

| 嗽
sòu 써우
기침 **수** | 필순 `口 口 口 听 听 听 唪 唪` `啤 嗽 嗽 嗽`
嗽 嗽 嗽 |

간체자

| 发
fā °파
일어날 **발** | **원리** : 초서체를 해서화해서 만듦
發 ➡ 㢮 ➡ 发
☞ **동** 발산하다
• 发烧多少度 fāshāo duōshao dù?
열이 몇도니? | 필순 `乛 乚 步 发 发`
发 发 |

| 烧
shāo 샤오
불사를 **소** | **원리** : 편방의 간체자 활용
燒 ➡ 烧
☞ **동** 태우다 **명** 열
• 发烧 fāshāo 열이 나다 | 필순 `丶 丷 丷 火 火 炒` `炒 炓 炐 烧`
烧 烧 |

雨 yǔ 비 우　위	필순　一 丆 冂 币 币 币 雨 雨 雨　雨　雨	☞ 몡 비 • 雨伞 yǔsǎn 우산
雪 xuě 눈 설　쒸에	필순　一 亅 丆 币 币 雨 雫 雫 雪 雪 雪 雪 雪　雪　雪	☞ 몡 눈 • 下雪 xià xuě 눈이 내리다
湖 hú 큰못 호　후	필순　丶 丶 氵 氵 汁 浐 浐 浐 湖 湖 湖 湖 湖　湖　湖	☞ 몡 호수 • 湖北省 húběishěng 호북성

간체자 云 yún 구름 운　윈	원리 : 옛 글자 · 俗字로 대체 雲 ➡ 云 ☞ 몡 구름 • 云彩 yúncai 구름	필순　一 二 𠄐 云 云　云
风 fēng 바람 풍　˚펑	원리 : 편방을 단순화해서 만듦 風 ➡ 风 ☞ 몡 바람 • 刮风 guā fēng 바람이 불다	필순　丿 几 凡 风 风　风

海

hǎi 하이

바다 해

필순 丶 冫 氵 氵 汇 汇 海 海 海 海

海海海

☞ 명 바다

• 海外 hǎiwài 해외

江

jiāng 쟝

강 강

필순 丶 冫 氵 氵 汀 江

江江江

☞ 명 강

• 长江 Chángjiāng 양자강

晴

qíng 칭

갤 청

필순 丨 冂 日 日 日 日 日 日 日 晴 晴 晴

晴晴晴

☞ 형 개다

• 天晴了 tiān qíng le 날씨가 개었다

太

tài 타이

클 태

필순 一 ナ 大 太

太太太

☞ 부 아주

• 太极拳 tàijíquán 태극권

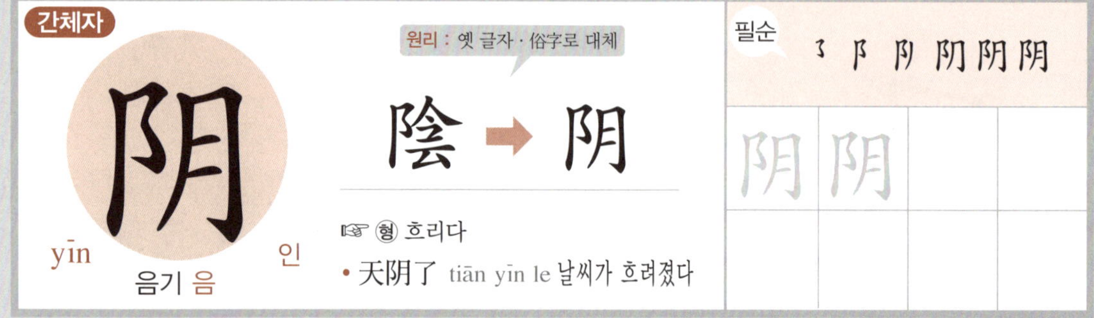

간체자 阴

yīn 인

음기 음

원리 : 옛 글자 · 俗字로 대체

陰 → 阴

☞ 형 흐리다

• 天阴了 tiān yīn le 날씨가 흐려졌다

필순 ㇌ 阝 阝 阴 阴 阴

阴阴

月 yuè 위에 달 월	필순 丿 刀 月 月 月 月 月	☞ 옝 달 • 月亮 yuèliang 달
亮 liàng 량 밝을 량	필순 、 亠 古 古 亮 亭 亮 亮 亮 亮	☞ 옝 밝다 • 天亮了 tiān liàng le 날이 밝았다
花 huā 화 꽃 화	필순 丶 十 艹 サ 艿 花 花 花 花 花	☞ 옝 꽃 옝 (돈을)쓰다 • 花钱 huā qián 돈을 쓰 다

간체자

气
qì 치
공기 기

원리 : 옛 글자·俗字로 대체

氣 ➡ 气

☞ 옝 기체
• 天气 tiānqì 날씨
• 空气 kōngqì 공기

필순 丿 丄 乞 气

气 气

阳
yáng 양
볕 양

원리 : 옛 글자·俗字로 대체

陽 ➡ 阳

☞ 옝 태양
• 太阳 tàiyáng 태양. 해

필순 阝 阝 阳 阳 阳 阳

阳 阳

水 필순	丿 刁 水 水	☞ 몡 물
shuǐ 슈이 물 수	水 水 水	• 水果 shuǐguǒ 과일

河 필순	丶 丶 氵 氵 沪 沪 河 河	☞ 몡 강
hé 흐어 물 하	河 河 河	• 一条河 yì tiáo hé 한 줄기의 강

草 필순	丶 一 艹 艹 节 苫 苗 莒 草	☞ 몡 풀
cǎo 차오 풀 초	草 草 草	• 一根草 yì gēn cǎo 풀 한 포기

간체자

原理 : 발음이 같은 글자로 대체

颳 ➡ 刮

필순 : ノ 二 千 千 舌 舌 刮 刮

刮 刮

☞ 됭 불다
• 刮风 guā fēng 바람이 불다

guā 꽈 깎을 괄

原理 : 편방을 단순화해서 만듦

樹 ➡ 树

필순 : 一 十 木 杪 杪 树 树

树 树

☞ 몡 나무
• 树林 shùlín 수풀. 숲

shù 슈 나무 수

12. 스포츠

游

yóu 여우

놀 유

필순 丶 冫 氵 氵 氵 汸 汸 汸 汸 浙 游 游

☞ 동 헤엄치다

• 游览 yóulǎn 관광하다

泳

yǒng 융

헤엄칠 영

필순 丶 冫 氵 氵 汀 泀 泳 泳

☞ 동 헤엄치다

• 游泳 yóuyǒng 수영하다. 수영

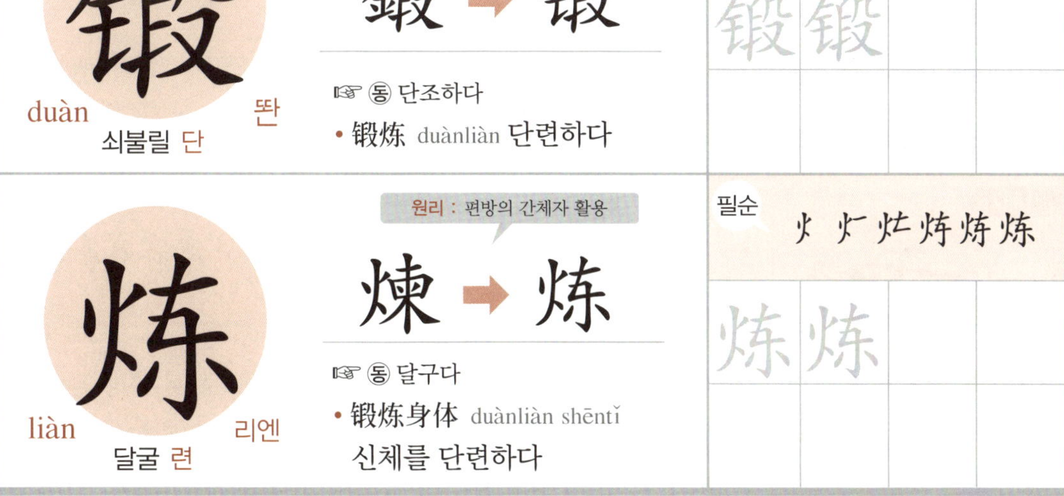

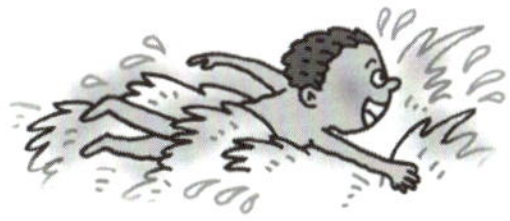

操

cāo 차오

잡을 조

필순 一 十 扌 扌 扌 扌 扌 扌 扌 扌 掃 掃 掃 操 操 操

☞ 명 체조

• 操场 cāochǎng 운동장

간체자

锻

duàn 똰

쇠불릴 단

원리 : 편방의 간체자 활용

鍛 → 锻

☞ 동 단조하다

• 锻炼 duànliàn 단련하다

필순 钅 钅 钅 钅 钅 钅 锻 锻

炼

liàn 리엔

달굴 련

원리 : 편방의 간체자 활용

煉 → 炼

☞ 동 달구다

• 锻炼身体 duànliàn shēntǐ 신체를 단련하다

필순 火 火 炉 炼 炼 炼

散

sàn 싼

헤어질 산

필순 一 十 廾 丗 丗 丗 昔 昔 昔 背 背 散 散

散 散 散

☞ 동 흩어지다

• 散步 sànbù 산책하다

步

bù 뿌

걸을 보

필순 丨 卜 卜 止 牛 步 步

步 步 步

☞ 명 걸음

• 跑步 pǎobù 조깅, 구보를 하다

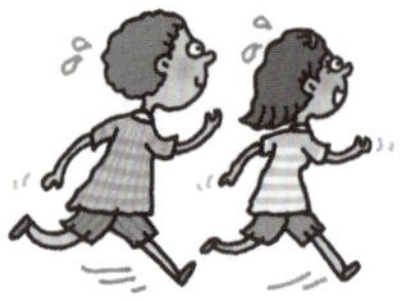

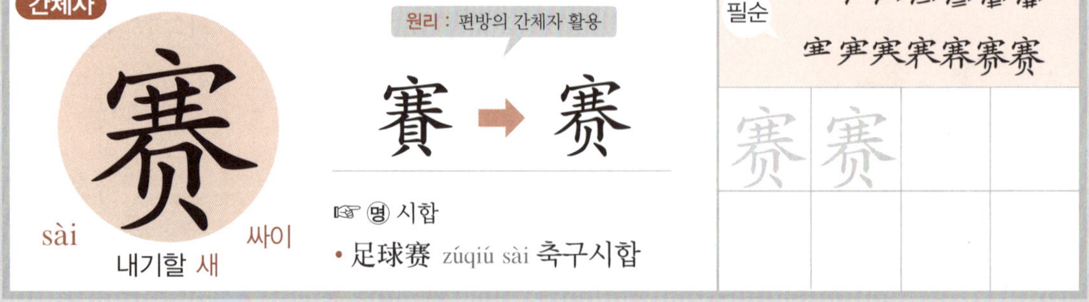

跑

pǎo 파오

달릴 포

필순 丨 口 口 早 早 𧾷 𧾷 𧾷 趵 趵 趵 跑

跑 跑 跑

☞ 동 뛰다

• 赛跑 sàipǎo 경주

比

bǐ 비

비교할 비

필순 - 上 比 比

比 比 比

☞ 전 …보다

명 경기의 득점 비

• 比赛 bǐsài 시합, 경기

간체자

赛

sài 싸이

내기할 새

원리 : 편방의 간체자 활용

賽 → 赛

☞ 명 시합

• 足球赛 zúqiú sài 축구시합

필순 丶 丷 宀 宀 宀 宇 宙 宙 寉 寋 寒 寒 寨 赛 赛

赛 赛

足 zú 발 족 · 주	필순 ㅣ ㅁ ㅁ ㅁ ㅁ 足 足 足 足 足	☞ 몡 다리 • 足球 zúqiú 축구
球 qiú 둥근물체 구 · 치우	필순 ᅳ ㄱ ㅜ ㅜ ㅜ ㅜ 玣 玣 玣 球 球 球 球 球 球	☞ 몡 공 • 排球 páiqiú 배구 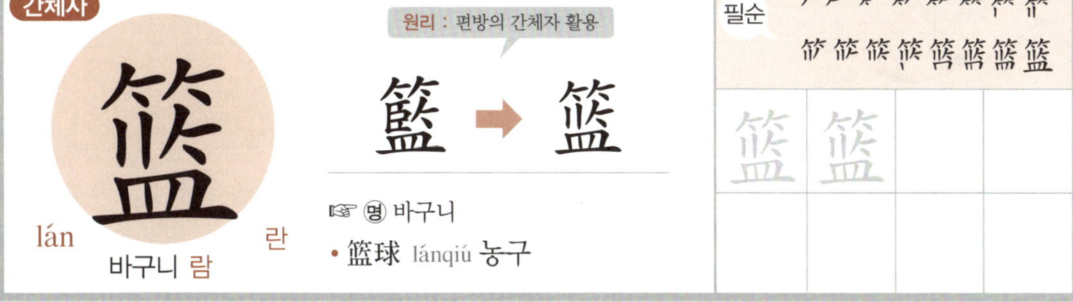
排 pái 늘어설 배 · 파이	필순 ᅳ ㅓ ㅓ 扌 扌 扌 扌 排 排 排 排 排 排 排	☞ 몡 줄. 열 동 배열하다 • 安排 ānpái 안배하다
踢 tī 찰 척 · 티	필순 ㅁ ㅁ ㅁ 足 足 距 跖 踢 踢 踢 踢 踢	☞ 동 발로 차다 • 踢足球 tī zúqiú 축구하다

간체자

원리 : 편방의 간체자 활용

籃 → 篮

☞ 몡 바구니
• 籃球 lánqiú 농구

lán
바구니 람 · 란

필순 ㅣ ㅑ ㅑ 竹 竹 竹 笁 笁
笁 笁 笁 笁 篓 篓 篮 篮
篮 篮

爬	필순 `丿 ㇆ 爪 爪 爬 爬 爬 爬`	☞ 동 기다
pá 파	爬 爬 爬	• 小孩儿在地上爬 xiǎoháir zài dìshang pá 애가 바닥에서 기다
긁을 파		

山	필순 `丨 山 山`	☞ 명 산
shān 샨	山 山 山	• 爬山 pá shān 등산하다
메 산		

育	필순 `丶 一 云 云 产 育 育 育`	☞ 동 양육하다
yù 위	育 育 育	• 体育 tǐyù 스포츠
기를 육		

간체자

体	원리 : 옛 글자·俗字로 대체	필순 `丿 亻 亻 什 休 休 体`
tǐ 티	體 ➡ 体	体 体
몸 체	☞ 명 몸 • 身体 shēntǐ 신체	

运	원리 : 形声字의 원리로 만듦	필순 `一 二 云 云 运 运 运`
yùn 원	運 ➡ 运	运 运
운수 운	☞ 동 나르다, 운동하다 • 运动 yùndòng 운동.	

13. 색깔

白 bái 흰 백 / 바이

필순: ノ イ 白 白 白

☞ 형 하얗다
- 白纸 báizhǐ 백지

黄 huáng 누를 황 / 황

필순: 一 十 卄 世 芒 苎 茜 黄 黄 黄 黄

☞ 형 노랗다
- 黄色 huángsè 노랑색

간체자

绿 lù 초록빛 록 / 뤼

원리 : 편방의 간체자 활용

綠 ➡ 绿

필순: ㄥ ㄥ ㄥ 纟 纟 纟 纟 纟 纟 绿 绿

☞ 형 푸르다
- 绿灯 lùdēng 푸른 신호등

红 hóng 붉을 홍 / 홍

원리 : 편방의 간체자 활용

紅 ➡ 红

필순: ㄥ ㄥ ㄥ 纟 纟 红 红

☞ 형 붉다
- 红茶 hóngchá 홍차

蓝 lán 쪽 람 / 란

원리 : 편방의 간체자 활용

藍 ➡ 蓝

필순: 一 十 艹 芅 芅 芅 芅 芅 芅 芅 芅 蓝 蓝

☞ 형 파랗다
- 蓝天 lántiān 파란 하늘

14. 대명사

多 duō 둬 많을 다	필순 丿 ク 夕 多 多 多 多 多 多	☞ 형 많다 부 얼마나 • 多么 duōme 얼마나
少 shǎo 샤오 적을 소	필순 丨 ⺊ 小 少 少 少 少	☞ 형 적다 • 多少 duōshao 얼마
哪 nǎ 나 어찌 나	필순 丨 ㄇ 口 口ㄱ 叮 叼 吲 哪 哪 哪 哪 哪	☞ 대 어느 • 哪儿 nǎr 어디

간체자

谁 shéi, shuí 셰이, 슈이 누구 수	원리 : 편방의 간체자 활용 誰 → 谁 ☞ 대 누구 • 他是谁? tā shì shéi 그는 누구냐?	필순 讠 讠' 讠亻 讠亻' 讠亻' 讠亻' 讠亻' 讠亻' 谁 谁 谁
几 jǐ 지 얼마 기	원리 : 발음이 같은 글자로 대체 幾 → 几 ☞ 대 몇 • 几岁 jǐ suì 몇 살	필순 丿 几 几 几

怎	zěn	쩐	어찌 즘

필순: ノ ノ ヶ ゲ 乍 乍 怎 怎 怎

怎 怎 怎

☞ ㉑ 어떻게
• 怎么 zěnme 왜

任	rèn	련	맡길 임

필순: ノ イ 亻 仁 仟 任

任 任 任

☞ ㉑ 임명하다
• 任何 rènhé 어떠한

何	hé	흐어	어찌 하

필순: ノ イ 亻 个 佰 何 何

何 何 何

☞ ㉑ 무엇
• 何必 hébì …할 필요가 어디 있는가

간체자

什	shén	션	열 십

원리 : 옛 글자·俗字로 대체

甚 ➡ 什

☞ ㉑ 무엇
• 为什么 wèishénme 왜

필순: ノ イ 亻 什

什 什

원리 : 특징이나 윤곽선으로 만듦

麽 ➡ 么

么	me	머	그런가 마

☞ ㉙ 접미사의 하나
• 什么 shénme 무엇

필순: ノ 厶 么

么 么

我	필순 ⟶ 一 二 于 手 我 我 我	☞ 때 나
wǒ 워 나 아	我 我 我	• 我们 wǒmen 우리

你	필순 ⟶ 丿 亻 亻 亻 尓 你 你	☞ 때 너
nǐ 니 너 니	你 你 你	• 你好! nǐ hǎo! 안녕!

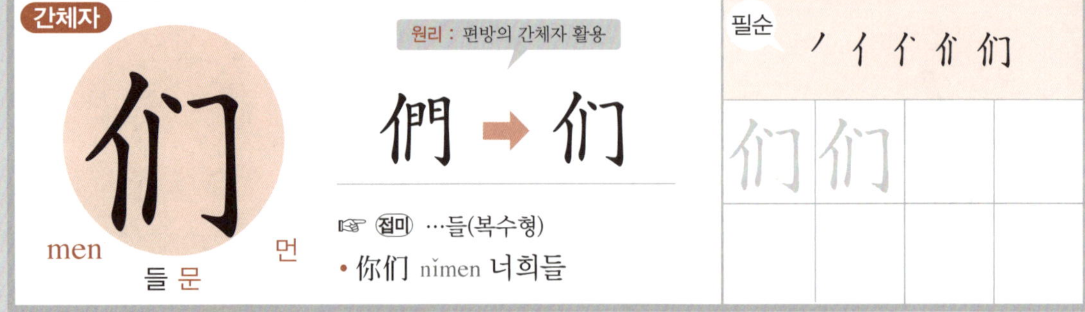

他	필순 ⟶ 丿 亻 亻 他 他	☞ 때 그
tā 타 그 타	他 他 他	• 他们 tāmen 그들

她	필순 ⟶ 乚 乆 女 如 如 她	☞ 때 그녀
tā 타 그녀 타	她 她 她	• 爱她 ài tā 그녀를 사랑하다

원리 : 편방의 간체자 활용

們 ➡ 们

필순 ⟶ 丿 亻 亻 亻 们

们 们

men 먼 들 문

☞ 접미 …들(복수형)

• 你们 nǐmen 너희들

44

| 您 | 필순 ノ イ イ 忉 忉 你 你 你
您 您 您 | ☞ ㈐ 당신
• 您贵姓 nín guì xìng 성씨가 어떻게 되십니까? |
| nín
님 닌　닌 | 您 您 您 | |

| 各 | 필순 ノ ク [illegible]subsize 冬 各 各 | ☞ ㈐ 각
• 各种 gèzhǒng 여러 가지 |
| gè
각각 각　끄어 | 各 各 各 | |

| 每 | 필순 ノ ⺊ 仁 与 每 每 每 | ☞ ㈐ …마다
• 每天 měitiān 매일 |
| měi
매양 매　메이 | 每 每 每 | |

| 它 | 필순 丶 丷 宀 宀 它 | ☞ ㈐ 그. 저
• 它们 tāmen 그것들 |
| tā
다를 타　타 | 它 它 它 | |

간체자

원리 : 편방을 단순화해서 만듦

這 ➡ 这

☞ ㈐ 이것
• 这里 zhèlǐ 이곳. 여기

필순 丶 亠 亍 文 文 这
这

zhè
이 저　저

这 这

那

nà 나

어찌 나

필순: ㇆ ㇇ ㇋ 尹 尹' 那 那

那 那 那

☞ 대 저것

- 那个 nàge 그것
- 那里 nàli 그곳, 저곳

咱

zán 짠, 짜

나 찰

필순: 丨 ㄇ 口 口' 口' 口' 咱 咱 咱

咱 咱 咱

☞ 대 우리

- 咱们 zánmen 우리들

自

zì 쯔

스스로 자

필순: ′ 亻 白 白 自 自

自 自 自

☞ 명 자기

- 自我介绍 zìwǒ jièshào 자기 소개

己

jǐ 지

나 기

필순: ㇕ ㇕ 己

己 己 己

☞ 명 자기

- 我自己 wǒ zìjǐ 나 자신

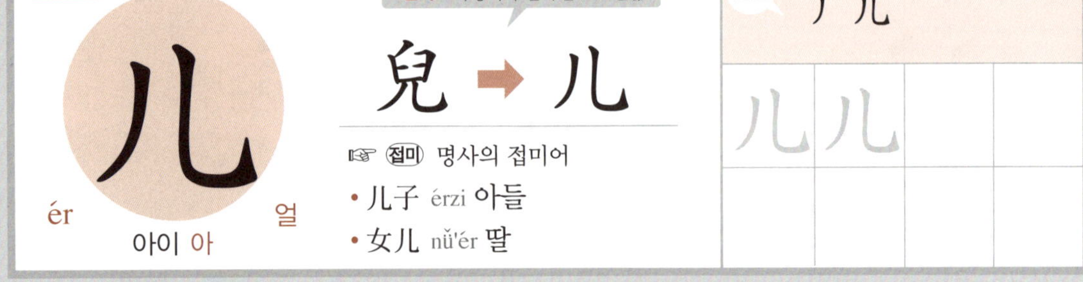

간체자 儿

ér 얼

아이 아

원리 : 특징이나 윤곽선으로 만듦

兒 → 儿

☞ 접미 명사의 접미어

- 儿子 érzi 아들
- 女儿 nǚ'ér 딸

필순: 丿 儿

儿 儿

猪 zhū 쥬 돼지 저	필순　ノ ナ 犭 犭 犳 犳 狞 猪 猪　猪　猪	☞ 몡 돼지 • 猪肉 zhūròu 돼지고기
羊 yáng 양 양 양	필순　丶 ⺶ ⺷ ⺷ 兰 羊 羊　羊　羊	☞ 몡 양 • 羊毛 yángmáo 양모. 　양털
蛋 dàn 딴 새알 단	필순　フ ア ア 严 疋 疋 叾 蛋 蛋 蛋 蛋 蛋　蛋　蛋	☞ 몡 알 • 蛋糕 dàngāo 카스텔라. 　케이크

| 鸡 jī 지
닭 계 | 원리 : 편방을 단순화해서 만듦
鷄 ➡ 鸡
☞ 몡 닭
• 鸡蛋 jīdàn 달걀 | 필순　フ ヌ ヌ 鸡 鸡 鸡
鸡

鸡　鸡 |
| 马 mǎ 마
말 마 | 원리 : 초서체를 해서화해서 만듦
馬 ➡ 马 ➡ 马
☞ 몡 말
• 马上 mǎshàng 곧 | 필순　フ 马 马

马　马 |

牛 niú 소 우 / 니우	필순 丿 一 二 牛	☞ 몡 소 • 牛奶 niúnǎi 우유
奶 nǎi 유모 내 / 나이	필순 ㄥ 乄 女 奶 奶	☞ 몡 젖 • 奶奶 nǎinai 할머니
物 wù 만물 물 / 우	필순 丿 一 丬 牛 牛 牜 物 物	☞ 몡 물건 • 礼物 lǐwù 선물

| **간체자**
动 dòng 움직일 동 / 뚱 | 원리 : 편방을 단순화해서 만듦

動 ➡ 动

☞ 동 움직이다
• 运动 yùndòng 운동 | 필순 一 二 云 云 动 动

动 动 |
| 鱼 yú 생선 어 / 위 | 원리 : 옛 글자·俗字로 대체

魚 ➡ 鱼

☞ 몡 물고기
• 金鱼 jīnyú 금붕어 | 필순 丿 ㄅ ㄅ ㄅ ㄅ 角 角 鱼 鱼

鱼 鱼 |

<table>
<tr><td>

包
bāo   빠오
꾸릴 **포**

</td><td>

필순 `ノ ク ク 勺 包`

包 包 包

</td><td>

☞ 몡 보따리
- 面包 miànbāo 빵

</td></tr>
<tr><td>

啤
pí   피
맥주 **비**

</td><td>

필순 `口 口' 口' 叩 吖 吖 啤 啤`
啤

啤 啤 啤

</td><td>

- 啤酒 píjiǔ 맥주

</td></tr>
<tr><td>

酒
jiǔ   지우
술 **주**

</td><td>

필순 `丶 冫 氵 汀 沂 沂 洒 酒`
酒 酒

酒 酒 酒

</td><td>

☞ 몡 술
- 酒吧 jiǔbā 술집.
바(bar)

</td></tr>
</table>

<table>
<tr><td>

간체자

面
miàn   미엔
밀가루 **면**

</td><td>

원리 : 발음이 같은 글자로 대체

麵 ➡ 面

☞ 몡 밀가루
- 面条 miàntiáo 국수

</td><td>

필순 `一 一 丆 丙 而 而`
而 而 面

面 面

</td></tr>
<tr><td>

条
tiáo   탸오
가지 **조**

</td><td>

원리 : 특징이나 윤곽선으로 만듦

條 ➡ 条

☞ 몡 가늘고 긴 가지
- 条件 tiáojiàn 여건. 형편

</td><td>

필순 `ノ ク 夂 冬 条 条`
条

条 条

</td></tr>
</table>

菜
cài 나물 채 / 차이

필순 丶 一 卄 卄 艹 艹 芏 苙 芏 菜 菜

☞ 몡 채소, 요리
• 菜单 càidān 메뉴

食
shí 먹을 식 / 스

필순 丿 人 𠆢 今 今 令 食 食 食

☞ 동 식사하다 몡 음식
• 食堂 shítáng 구내 식당

堂
táng 집 당 / 탕

필순 丨 丶 丷 丷 丷 丷 峃 峃 峃 堂 堂

☞ 몡 응접실
• 天堂 tiāntáng 천당

肉
ròu 살 육 / 러우

필순 丨 冂 内 内 肉 肉

☞ 몡 고기
• 牛肉 niúròu 소고기

간체자

饭
fàn 밥 반 / 판

원리 : 편방의 간체자 활용

飯 ➡ 饭

☞ 몡 밥
• 饭店 fàndiàn 호텔

필순 丿 𠂇 𠂉 饣 饣 饣 饭 饭

糖	필순 丶 丶 丷 ⺥ 半 米 米 米 米 粁 粎 粎 粎 糖 糖 糖 糖	☞ 몡 설탕 • 糖果 tángguǒ 사탕
táng 탕 사탕 당	糖 糖 糖	

咖	필순 口 叮 叻 咖	• 咖啡 kāfēi 커피 
kā 카 커피차 가	咖 咖 咖	

啡	필순 口 미 머 며 몌 몌 唎 啡 啡	• 咖啡馆 kāfēiguǎn 커피숍
fēi 페이 코 고는 소리 배	啡 啡 啡	

茶	필순 丶 亠 艹 艹 艾 荟 苓 茶 茶	☞ 몡 차 • 喝茶 hē chá 차를 마시다
chá 차 차 다	茶 茶 茶	

汤	원리 : 편방의 간체자 활용 湯 ➡ 汤 ☞ 몡 국. 탕 • 一碗汤 yì wǎn tāng 국 한 그릇	필순 丶 丶 氵 汅 汤 汤 汤 汤
tāng 탕 물 끓일 탕		

	필순	

旅
lǔ　려
나그네 려
	`丶 亠 亠 方 方 方 扩 旅`
	`旅 旅`
	旅 旅 旅
		☞ 동 여행하다
		• 旅行 lǚxíng 여행하다

行 xíng　씽 다닐 행	`丿 彳 彳 彳 行 行` 行 行 行	☞ 동 가다 • 自行车 zìxíngchē 　자전거 • 银行 yínháng 은행
丢 diū　디우 잃어버릴 주	`一 二 千 壬 丢 丢` 丢 丢 丢	☞ 동 잃다 • 丢脸 diū liǎn 체면이 깎 　이다

간체자

	원리 : 편방의 간체자 활용	필순

览
lǎn　란
볼 람
	覽 ➡ 览
	☞ 동 보다
	• 游览 yóulǎn 유람하다
		`丶 丷 丷 丷 䀹 䀹 䀹`
		`䀹 览 览`
		览 览

组
zǔ　주
짤 조
	組 ➡ 组
	☞ 명 조. 세트
	• 组织 zǔzhī 조직하다
		`丿 纟 纟 纟 组 组`
		`组 组`
		组 组

| 集 | 필순: ノ イ イ゛ ゛亻 亻゛ 隹 隹 **隹** 隹 集 集 | ☞ 동 모이다
• 集合 jíhé 집합하다 |
| jí 모을 집 지 | | |

| 合 | 필순: ノ 人 스 今 合 合 | ☞ 동 합치다
• 合同 hétong 계약서 |
| hé 합할 합 흐어 | | |

간체자

| 织 | 원리 : 形声字의 원리로 만듦
織 ➡ 织
☞ 동 짜다
• 织毛衣 zhī máoyi 세타를 짜다 | 필순: ノ 纟 纟 纪 织 织 织 织 |
| zhī 짤 직 즈 | | |

| 参 | 원리 : 옛 글자·俗字로 대체
參 ➡ 参
☞ 동 가입하다
• 参加 cānjiā 참석하다 | 필순: ㄥ ㅿ 스 亽 矢 矣 参 参 |
| cān 참여할 참 찬 | | |

| 观 | 원리 : 편방을 단순화해서 만듦
觀 ➡ 观
☞ 동 구경하다
• 观光 guānguāng 관광하다 | 필순: ㄱ 又 邓 邓 观 观 |
| guān 볼 관 꽌 | | |

加 jiā 더할 가 쟈	필순 ㄱ 力 加 加 加 加 加 加	☞ 동 더하다 • 参加 cānjiā 참석하다
玩 wán 구경 완 완	필순 一 二 干 王 王 玏 玧 玩 玩 玩 玩	☞ 동 놀다 • 开玩笑 kāi wánxiào 농담하다
名 míng 이름 명 밍	필순 丿 ク タ タ 名 名 名 名 名	☞ 명 이름 형 유명하다 • 名字 míngzi 이름

간체자

访 fǎng 뵈올 방 팡

원리 : 편방의 간체자 활용

訪 ➡ 访

☞ 동 방문하다
• 访问 fǎngwèn 방문하다

필순 讠 讠 讠 访 访
访 访

胜 shèng 이길 승 성

원리 : 形声字의 원리로 만듦

勝 ➡ 胜

☞ 동 이기다 형 (풍경이)아름답다
• 名胜古迹 míngshèng gǔjì
명승지와 역사 유적지

필순 丿 𠃌 月 月 月 胙
胙 胖 胜
胜 胜

住	필순	ノ イ 个 什 住 住	☞ 동 살다. 묵다 · 记住 jìzhù 기억해두다
zhù 쮸 머무를 주		住 住 住	
迎	필순	ノ 匚 白 印 印 迎 迎	☞ 동 맞이하다 · 欢迎 huānyíng 환영하다
yíng 잉 맞이할 영		迎 迎 迎	
介	필순	ノ 人 个 介	☞ 동 끼다 · 介绍信 jièshàoxìn 소개장
jiè 찌에 낄 개		介 介 介	

간체자

紹	원리 : 편방의 간체자 활용	필순 ㄥ ㄠ ㅌ 纟 纩 纫 纫 绍 绍
shào 샤오 이을 소	紹 ➡ 绍	绍 绍
	☞ 동 이어 받다 · 介绍 소개하다	

領	원리 : 편방의 간체자 활용	필순 ノ 人 乆 今 令 令 邻 邻 领 领 领
lǐng 링 목 령	領 ➡ 领	领 领
	☞ 동 인도하다 · 领导 lǐngdǎo 이끌다	

18. 쇼핑 · 의류

算

suàn 쏸

수 산

필순 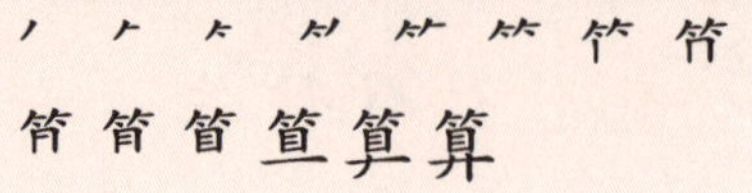

算 算 算

☞ 동 계산하다

- 打算 dǎsuan …할 작정이다

客

kè 커

손 객

필순 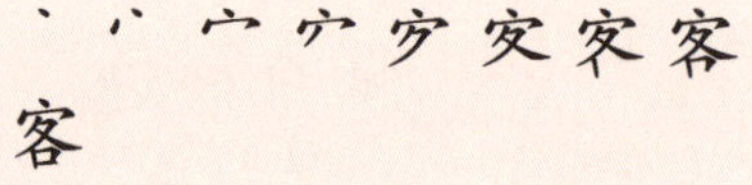

客 客 客

☞ 명 손님

- 客人 kèren 손님
- 客气 kèqi 격식 차리다

主

zhǔ 쥬

임금 주

필순 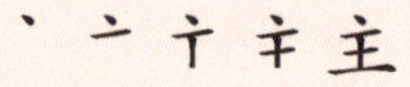

主 主 主

☞ 명 주인

- 女主人 nǚzhǔrén 여주인

간체자

买

mǎi 마이

살 매

원리 : 초서체를 해서화해서 만듦

買 →  → 买

☞ 동 사다

- 买东西 mǎi dōngxi 쇼핑하다

필순 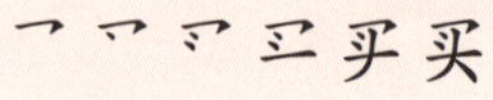

买 买

卖

mài 마이

팔 매

원리 : 초서체를 해서화해서 만듦

賣 →  → 卖

☞ 동 팔다

- 卖买 mǎimai 장사

필순 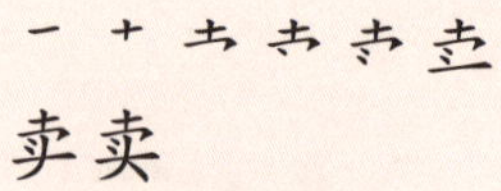

卖 卖

	필순	
收 shōu 셔우 거둘 수	丨 刂 刂 收 收 收 收 收 收	☞ 동 받다 • 收下 shōuxià 받아두다
退 tuì 투이 물러날 퇴	ㄱ ㄱ ㅋ ㅌ 艮 艮 `艮 退 退 退 退 退	☞ 동 무르다, 반환하다 • 往后退 wǎng hòu tuì 뒤로 물러서다
衣 yī 이 옷 의	、 一 亠 宀 衣 衣 衣 衣 衣	☞ 명 옷 • 衣服 yīfu 옷 
换 huàn 환 바꿀 환	一 十 扌 扌 扩 扩 护 拹 换 换 换 换 换	☞ 동 교환하다 • 换车 huàn chē 차를 갈아타다

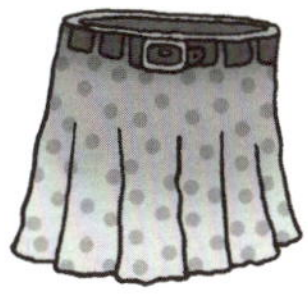

원리 : 편방의 간체자 활용

顾
gù 꾸
돌아볼 고

顧 ➡ 顾

☞ 동 돌보다 명 손님
• 照顾 zhàogù 돌보다

필순	
一 厂 厃 厎 厗 厗 厏 厏 顾 顾 顾 顾	

服
fú　푸
옷 복

穿
chuān　촨
뚫을 천

戴
dài　따이
머리에 일 대

간체자

数
shù　슈
셈 수

银
yín　인
은 은

| 鞋 | 필순 一 十 廿 廿 芇 苔 革 鞋
鞋 | ☞ 몡 신발
• 皮鞋 píxié 구두 |
| xié 씨에
신 혜 | 鞋 鞋 鞋 | |

| 洗 | 필순 丶 丶 氵 氵 汗 泮 洪 洗
洗 | ☞ 뚕 씻다
• 洗手间 xǐshǒujiān
화장실 |
| xǐ 씨
씻을 세 | 洗 洗 洗 |  |

| 商 | 필순 丶 亠 亠 产 产 产 商
商 商 商 | ☞ 몡 상업
• 商店 shāngdiàn 상점.
가게 |
| shāng 샹
장사 상 | 商 商 商 | |

| 店 | 필순 丶 亠 广 广 庁 庐 店 店 | ☞ 몡 상점
• 饭店 fàndiàn 호텔 |
| diàn 띠엔
상점 점 | 店 店 店 | |

| 袜 | 襪 ➡ 袜
☞ 몡 양말
• 袜子 wàzi 양말 | 袜 袜 |
| wà 와
버선 말 | | |

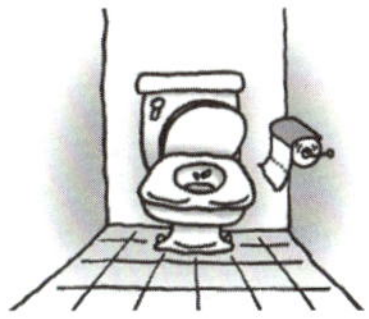

占

zhàn 쟌
엿볼 점

필순　丨 卜 卜 占 占

占 占 占

☞ 동 차지하다
- 占领 zhànlǐng 무력으로 점령하다

演

yǎn 이엔
펼 연

필순　丶 丶 氵 氵 氵 汸 浐 浐 浐 渲 渲 渲 演 演

演 演 演

☞ 동 공연하다
- 表演 biǎoyǎn 공연

간체자

级

jí 지
등급 급

원리 : 편방의 간체자 활용

級 ➡ 级

☞ 명 등급
- 年级 niánjí 학년

필순　丨 纟 纟 纟 级 级 级

级 级

赢

yíng 잉
승리 영

원리 : 편방의 간체자 활용

赢 ➡ 赢

☞ 동 이기다
- 甲队赢了 jiǎ duì yíng le 갑 팀이 이겼다

필순　丶 亠 亡 言 亩 赢 赢 赢 赢 赢 赢

赢 赢

输

shū 슈
보낼 수

원리 : 편방의 간체자 활용

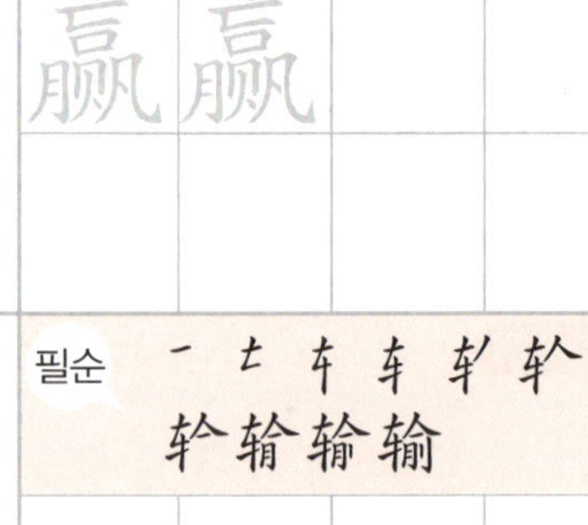
輸 ➡ 输

☞ 동 지다
- 比赛输了 bǐsài shū le 시합이 졌다

필순　一 七 车 车 车 轮 轮 轮 输 输

输 输

	필순	
橘 jú　쥐 귤 귤	一 十 才 朮 栌 杼 杼 橘 橘 橘 橘 橘 橘 橘 橘 橘 橘	☞ 뗑 귤나무 • 橘子 júzi 귤
果 guǒ　궈 열매 과	丨 口 曰 旦 甲 昻 果 果 果 果	☞ 뗑 과실 • 水果 shuǐguǒ 과일
香 xiāng　샹 향기 향	一 二 千 禾 禾 禾 香 香 香 香 香 香	☞ 뗑 향기롭다 • 香肠 xiāngcháng 중국식 소시지
蕉 jiāo　쟈오 파초 초	艹 艹 艿 荅 荏 焦 焦 蕉 蕉 蕉 蕉 蕉 蕉	☞ 뗑 파초 • 香蕉 xiāngjiāo 바나나

간체자

苹
píng　핑
쑥 평

원리 : 形声字의 원리로 만듦

蘋 ➡ 苹

☞ 뗑 사과의 다른 이름
• 苹果 píngguǒ 사과

필순	
一 艹 艹 艹 苹 苹 苹 苹 苹 苹	

| 音 yīn
소리 음 (인) | 필순: 丶 一 二 立 立 产 音 音 音
音
音 音 音 | ☞ 명 음. 소리
• 音乐 yīnyuè 음악 |

| 影 yǐng
그림자 영 (잉) | 필순: 丶 冂 曰 日 日 昌 昙 景
景 景 景 景 影 影 影
影 影 影 | ☞ 명 그림자. 영화의 준말
• 电影 diànyǐng 영화 |

| 票 piào
쪽지 표 (퍄오) | 필순: 一 冂 曱 西 西 西 覀 覀
票 票 票
票 票 票 | ☞ 명 표
• 飞机票 fēijī piào
비행기표 |

간체자

| 乐 lè, yuè
즐길 락 (러, 위에) | 원리 : 옛 글자·俗字로 대체
樂 ➡ 乐
☞ 형 즐겁다 명 음악
• 音乐 yīnyuè 음악 | 필순: 丿 仁 仵 乐 乐
乐 乐 |

| 电 diàn
번개 전 (띠엔) | 원리 : 옛 글자·俗字로 대체
電 ➡ 电
☞ 명 전기
• 电话 diànhuà 전화 | 필순: 丨 冂 曱 日 电
电 电 |

| 跳 | 필순 `ノ ｜ ㅁ ㅁ ㅁ ㅁ ㅁ 严 趴`
 `趴 趴 趴 跳 跳`
 跳 跳 跳 | ☞ 동 뛰다
 • 跳高 tiàogāo 높이뛰기 |
| tiào 탸오
 뛸 도 | | |

| 舞 | 필순 `ノ ㅗ ㅗ ㅗ 午 無 無 無`
 `無 無 無 無 舞 舞`
 舞 舞 舞 | ☞ 명 춤
 • 跳舞 tiào wǔ 춤을 추다 |
| wǔ 우
 춤출 무 | | |

| 照 | 필순 `ノ ｜ ㄇ 日 日 旷 昭 昭`
 `昭 照 照 照 照`
 照 照 照 | ☞ 동 (사진을) 찍다
 • 照相 zhào xiàng 사진을 찍다 |
| zhào 자오
 비칠 조 | | |

| 相 | 필순 `一 十 才 木 和 相 相 相`
 `相`
 相 相 相 | ☞ 명 사진
 • 相信 xiāngxìn 믿다 |
| xiāng, xiàng 썅
 서로 상 | | |

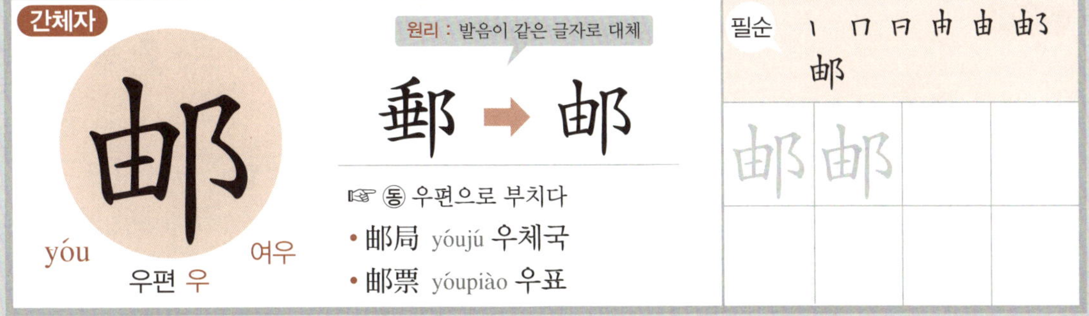

간체자

원리 : 발음이 같은 글자로 대체

郵 ➡ 邮

☞ 동 우편으로 부치다
• 邮局 yóujú 우체국
• 邮票 yóupiào 우표

| 邮 | 필순 `ノ ㅁ ㅁ 由 由 由 邮`
 `邮`
 邮 邮 |
| yóu 여우
 우편 우 | |

眼

yǎn　이엔
눈 안

필순 丨 丨 丌 月 月 目 目ˉ 目ˇ 目ˇ 眄 眼 眼

眼 眼 眼

☞ 몡 눈
• 眼镜 yǎnjìng 안경

睛

jīng　징
눈동자 정

필순 丨 丨 丌 月 月 目 目ˉ 目ˉ 目ᵗ 睛ᵗ 睛ᵗ 睛 睛 睛

睛 睛 睛

☞ 몡 눈동자
• 眼睛 yǎnjing 눈

身

shēn　션
몸 신

필순 丶 丿 丬 身 身 身 身

身 身 身

☞ 몡 몸
• 身体 shēntǐ 신체

腿

tuǐ　투이
다리살 퇴

필순 丿 刀 月 月 月ˉ 月ˊ 月ˊ 朋 朋 朋 眼 腿 腿

腿 腿 腿

☞ 몡 다리
• 腿长 tuǐ cháng 다리가 길다

간체자

头

tóu　터우
머리 두

원리 : 옛 글자·俗字로 대체

頭 ➡ 头

필순 丶 丷 亠 头 头

头 头

☞ 몡 머리
• 头发 tóufa 머리털

手

shǒu 셔우

손 수

필순 ㇐ ㇐ 三 手

手 手 手

☞ 명 손

• 手表 shǒubiǎo 손목 시계

脚

jiǎo 쟈오

다리 각

필순 丿 ⺆ 月 月 月⁻ 肚 肚 肚 肚 肚 肚⁷ 脚

脚 脚 脚

☞ 명 발

• 脚步 jiǎobù 발자국, 걸음걸이

口

kǒu 커우

입 구

필순 丨 ㄇ 口

口 口 口

☞ 명 입

• 口红 kǒuhóng 립스틱

嘴

zuǐ 쭈이

부리 취

필순 丨 ㄇ 口 口' 口ㅏ 口ㅑ 口ㅑ' 口止 口止 口止 口耂 口耂 嘴 嘴 嘴 嘴

嘴 嘴 嘴

☞ 명 주둥이

• 嘴唇 zuǐchún 입술

간체자 脸

liǎn 리엔

뺨 검

원리 : 편방의 간체자 활용

臉 ➡ 脸

☞ 명 얼굴

• 脸色 liǎnsè 안색

필순 丿 ⺆ 月 月 月' 月人 月人 月会 月会 月会 脸

脸 脸

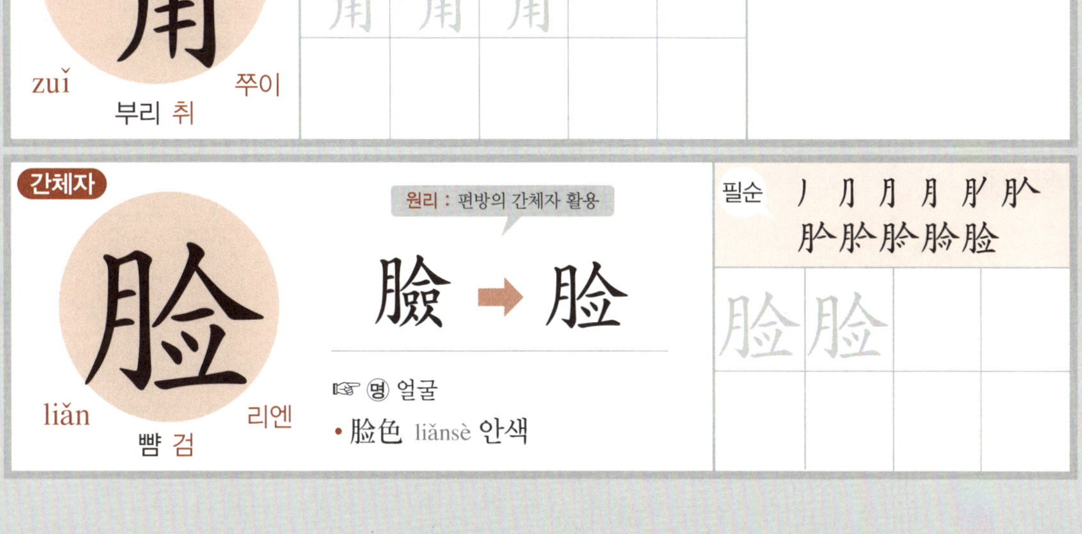

渴 kě　커 목마를 갈	필순　`丶 丶 氵 氵 沪 沪 沪 沪` `沪 渴 渴 渴` 渴 渴 渴	☞ 통 목이 마르다 • 口渴 kǒukě 갈증나다
睡 shuì　슈이 잘 수	필순　`丨 冂 冂 目 目 目 盵 盵 盵` `盵 睡 睡 睡` 睡 睡 睡	☞ 통 잠자다 • 睡觉 shuì jiào 자다
死 sǐ　쓰 죽을 사	필순　`一 厂 歹 歹 歼 死` 死 死 死	☞ 통 죽다 • 死了 sǐ le 죽었다
笑 xiào　쌰오 웃을 소	필순　`丿 丿 ⺮ 竹 竺 竺 笁 竿` `竿 笑` 笑 笑 笑	☞ 통 웃다 • 开玩笑 kāiwánxiào 농담 하다

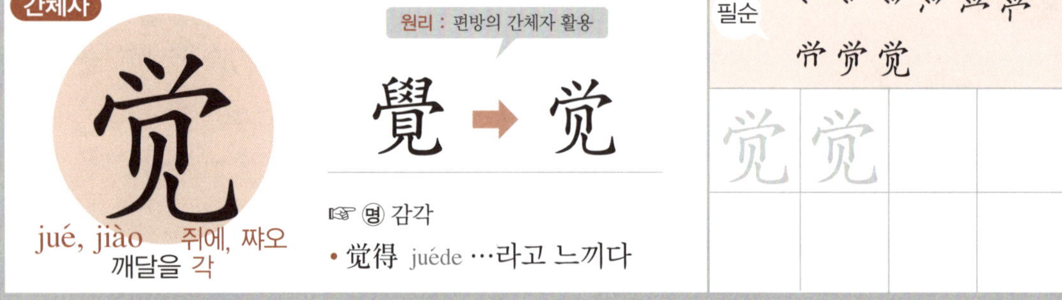

간체자

覺 ➡ 觉

원리 : 편방의 간체자 활용

☞ 명 감각
• 觉得 juéde …라고 느끼다

觉
jué, jiào　쥐에, 쨔오
깨달을 각

필순　`丶 丶 丷 丷 ⺍ 兴 学`
`兴 觉 觉`
觉 觉

哭	필순 丶 丷 口 吅 吅 吅 哭 哭 哭	☞ 동 울다 • 大声哭 dàshēng kū 큰소리로 울다
kū 쿠 울 곡		
健	필순 丿 亻 亻 亻 伊 佬 佬 律 健 健	☞ 형 건강하다 • 身体健康 shēntǐ jiànkāng 신체가 건강하다
jiàn 찌엔 굳셀 건		
康	필순 丶 亠 广 户 户 户 序 序 康 康 康	☞ 형 건강하다 • 健康 jiànkāng 건강하다
kāng 캉 편안할 강		

躺
tǎng　탕
드러누울 탕

필순　躺躺躺躺躺躺躺躺躺躺躺

☞ 동 눕다
• 躺着看 tǎngzhe kàn
　누워서 보다

抱
bào　빠오
안을 포

필순　抱抱抱抱抱抱抱抱

☞ 동 안다
• 妈妈抱着孩子
　māma bàozhe háizi
　엄마가 애를 안고 있다

拉
lā　라
끌 랍

필순　拉拉拉拉拉拉拉拉

☞ 동 끌다. 켜다. 연주하다
• 拉小提琴 lā xiǎotíqín
　바이올린을 켜다

간체자

举
jǔ　쥐
들 거

원리 : 옛 글자·俗字로 대체

擧 ➡ 举

필순　举举举举举举举举举

☞ 동 들다
• 举行 jǔxíng 올리다. 거행하다

骑
qí　치
말탈 기

원리 : 편방의 간체자 활용

騎 ➡ 骑

필순　马骑骑骑骑

☞ 동 타다
• 骑马 qí mǎ 말을 타다

打
dǎ 다
칠 타

필순　一 十 扌 打 打

打 打 打

☞ 동 치다
• 打电话 dǎ diànhuà 전화를 걸다

倒
dǎo, dào 따오
엎드러질 도

필순　ノ 亻 亻 亻 仁 仵 佡 侄 倒 倒

倒 倒 倒

☞ 동 붓다
• 打倒 dǎdǎo 타도하다

擦
cā 차
문지를 찰

필순　扌 扩 扩 护 护 护 护 摔 摔 摔 摖 擦 擦

擦 擦 擦

☞ 동 닦다
• 擦黑板 cā hēibǎn 칠판을 지우다

抽
chōu 쳐우
뺄 추

필순　一 十 扌 扌 扣 抽 抽 抽

抽 抽 抽

☞ 동 (담배를) 피우다
• 抽烟 chōu yān 담배를 피우다

挤
jǐ 지
밀칠 제

원리 : 편방의 간체자 활용

☞ 동 비집다
• 拥挤 yōngjǐ 붐비다

필순　一 十 扌 扌 扩 护 扲 拃 挤

挤 挤

69

走 zǒu 저우 달릴 주	필순 一 十 土 キ 卡 走 走	☞ 동 걷다 • 走路 zǒu lù 길을 걷다
拍 pāi 파이 칠 박	필순 一 扌 扌 扌' 扌' 扪 拍 拍	☞ 동 치다 • 轻轻地拍 qīngqīngde pāi 가볍게 치다
推 tuī 투이 밀 추(밀 퇴)	필순 一 扌 扌 扌 扌 扌 扌 扌 推 推 推	☞ 동 밀다 • 推车 tuī chē 차를 밀다
提 tí 티 들 제	필순 一 扌 扌 扌 扌 扌 扌 扌 捍 捍 提 提	☞ 동 들다 • 提包 tíbāo 손가방. 핸드백

간체자

挂 guà 꽈 걸 괘

원리 : 옛 글자 · 俗字로 대체

掛 → 挂

☞ 동 걸다

• 挂地图 guà dìtú 지도를 걸다

필순 一 扌 扌 扌 扌 扌 挂 挂 挂

搬

bān 빤

옮길 반

필순 扌 扌 扌 扌 扌 扌 扌 扌 搬 搬 搬

搬搬搬

☞ 동 운반하다

• 搬家 bān jiā 이사하다

碰

pèng 펑

부딪칠 병

필순 一 丆 丆 石 石 石 石 石 矿 矿 矿 碰 碰

碰碰碰

☞ 동 부딪히다

• 碰见 pèngjiàn 우연히 만나다

握

wò 워

쥘 악

필순 一 十 扌 扌 扌 扌 扌 扌 握 握 握 握

握握握

☞ 동 잡다

• 握手 wò shǒu 악수하다

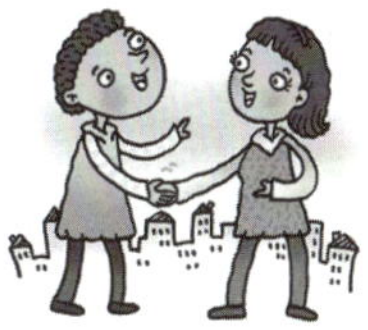

脱

tuō 퉈

벗을 탈

필순 丿 月 月 月 月 月 月 月 月 月 脱

脱脱脱

☞ 동 벗다

• 脱衣服 tuō yīfu 옷을 벗다

간체자

摆

bǎi 바이

열 파

원리 : 편방의 간체자 활용

擺 ➡ 摆

☞ 동 벌려놓다

• 摆饭菜 bǎi fàncài 식사를 차려놓다

필순 一 十 扌 扌 扌 扌 扌 扌 扌 扌 摆 摆 摆

摆摆

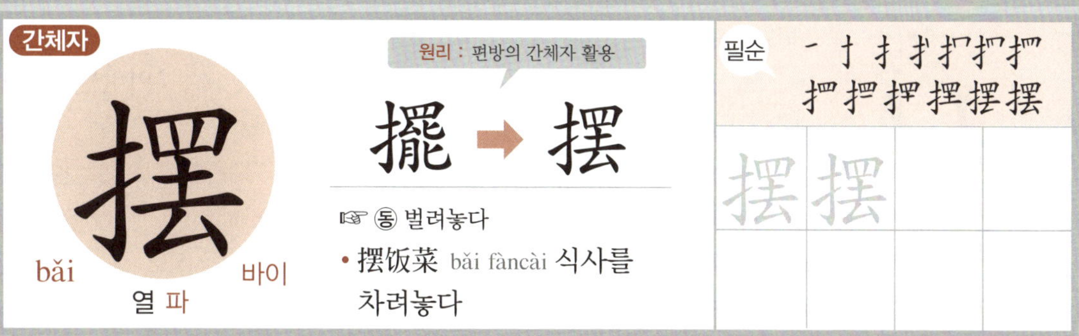

指			
zhǐ 즈	필순 一 十 扌 扌 扩 指 指 指 指	☞ 통 지적하다	
손가락 지	指 指 指	• 指头 zhǐtou 손가락	

掌			
zhǎng 장	필순 ⺌ ⺌ ⺌ ⺌ 当 尚 尚 尚 堂 堂 堂 掌	☞ 명 손바닥 통 주관하다	
손바닥 장	掌 掌 掌	• 掌握 zhǎngwò 파악하다. 장악하다	

拿			
ná 나	필순 丿 人 人 合 合 合 拿 拿 拿	☞ 통 잡다	
잡을 나	拿 拿 拿	• 拿不动 ná bu dòng 들을 수 없다	

放			
fàng 팡	필순 丶 亠 方 方 方 放 放 放	☞ 통 놓다	
놓을 방	放 放 放	• 放假 fàng jià 방학하다. 휴가로 쉬다	

抬			
tái 타이	필순 一 十 扌 扌 扒 扒 抬 抬	☞ 통 들다	
들 대	抬 抬 抬	• 抬头 tái tóu 머리를 들다	

吹 chuī 불 취 / 츄이	필순 ㇐ ㇑ 口 ㇠ 吵 吹	☞ 동 (바람이) 불다 • 吹灯 chuī dēng 등불을 불어서 끄다
喝 hē 꾸짖을 갈 / 흐어	필순 ㇑ ㇐ 口 口 吗 吗 吗 吗 吗 喝 喝 喝 喝	☞ 동 마시다 • 喝咖啡 hē kāfēi 커피를 마시다
唱 chàng 노래할 창 / 창	필순 ㇑ ㇐ 口 口 吗 吗 吗 吗 唱 唱 唱	☞ 동 노래하다 • 唱歌 chàng gē 노래 부르다

| 论 lùn 논할 론 / 룬 | 원리 : 편방의 간체자 활용
論 ➡ 论
☞ 동 논의하다
• 讨论 tǎolùn 토론하다 | 필순 ㇔ 讠 讠 论 论 论
论 论 |
| 问 wèn 물을 문 / 원 | 원리 : 편방의 간체자 활용
問 ➡ 问
☞ 동 묻다
• 问题 wèntí 질문 | 필순 ㇔ 丨 门 问 问 问
问 问 |

喊	필순	⼀ 丨 冂 口 ⼝ 咸 咸 咸 喊 喊 喊 喊	☞ 동 외치다

喊
hǎn 한
고함지를 **함**

필순　丨 冂 口 ⼝ 咸 咸 咸 喊 喊 喊 喊
喊 喊 喊

☞ 동 외치다
• 大声喊 dàshēng hǎn
　큰소리로 외치다

吃
chī 츠
먹을 **흘**

필순　丶 丨 冂 口 吖 吃 吃
吃 吃 吃

☞ 동 먹다
• 吃饭 chī fàn 밥을 먹다

谢
xiè 씨에
사례할 **사**

원리 : 편방의 간체자 활용

谢 ➡ 谢

☞ 동 감사하다
• 谢谢 xièxie 감사하다

필순　丶 ⼀ 讠 讠 讷 讷
讷 讷 讷 谢 谢 谢
谢 谢

讨
tǎo 타오
칠 **토**

원리 : 편방의 간체자 활용

討 ➡ 讨

☞ 동 연구하다
• 讨论 tǎolùn 토론(하다)

필순　丶 讠 讠 讨 讨
讨 讨

说
shuō 슈어
말씀 **설**

원리 : 편방의 간체자 활용

說 ➡ 说

☞ 동 말하다
• 说明 shuōmíng 설명하다
• 听说 tīngshuō 듣건대

필순　丶 讠 讠 讠 讯 讯
讯 讯 说
说 说

念

niàn 니엔

생각할 념

필순 丿 人 亼 今 今 念 念 念

念 念 念

☞ 동 읽다

• 念书 niàn shū 소리내어 책을 읽다

祝

zhù 쥬

빌 축

필순 丶 ㇇ 礻 礻 礻 祀 祀 祝 祝

祝 祝 祝

☞ 동 축하하다

• 祝你生日快乐! zhù nǐ shēngrì kuàilè 생일 축하합니다

간체자

讲

jiǎng 쟝

강론할 강

원리 : 편방의 간체자 활용

講 → 讲

☞ 동 말하다

• 讲课 jiǎng kè 강의하다

필순 丶 讠 讠 讠 讲 讲

讲 讲

读

dú 두

읽을 독

원리 : 편방의 간체자 활용

讀 → 读

☞ 동 읽다

• 读书 dú shū 책을 읽다

필순 丶 讠 讠 讠 讠 讠 讠 讠 读 读

读 读

谈

tán 탄

말씀 담

원리 : 편방의 간체자 활용

談 → 谈

☞ 동 이야기하다

• 谈话 tán huà 이야기하다

필순 丶 讠 讠 讠 讠 讠 讠 讠 谈 谈

谈 谈

去 qù 갈 거 취

필순: 一 十 土 去 去

去 去 去

☞ 동 가다
• 去年 qùnián 작년

出 chū 날 출 추

필순: 丨 屮 屮 出 出

出 出 出

☞ 동 나오다
• 出去 chūqù 나가다

回 huí 돌아올 회 후이

필순: 丨 冂 冂 冋 回 回

回 回 回

☞ 동 돌아가다
• 回来 huílái 돌아 오다

간체자

进 jìn 나아갈 진 찐

원리: 形声字의 원리로 만듦

進 ➡ 进

필순: 一 二 𠃌 井 𰀁 进 进

进 进

☞ 동 들어가다
• 进来 jìnlái 들어오다
• 进去 jìnqù 들어가다

来 lái 올 래 라이

원리: 옛 글자 · 俗字로 대체

来 ➡ 来

필순: 一 𠃌 口 卫 平 来 来

来 来

☞ 동 오다
• 下来 xiàlái 내려오다

到 dào 따오 이를 도	필순 　一 フ ひ 五 五 至 到 到 到 到 到	☞ 동 도착하다 • 到 …去 dào…qù 　…에 가다
起 qǐ 치 일어설 기	필순 　一 十 土 キ キ 走 起 起 起 起 起 起	☞ 동 일어나다 • 起床 qǐchuáng 일어나다

간체자

过 guò, guo 꿔 넘을 과	원리 : 옛 글자·俗字로 대체 過 ➡ 过 ☞ 동 지나가다 • 过来 guòlái 건너오다 • 过去 guòqù 건너가다	필순 　一 寸 寸 寸 讨 过 过 过
闻 wén 원 들을 문	원리 : 편방의 간체자 활용 聞 ➡ 闻 ☞ 동 (냄새를) 맡다 • 你闻闻 nǐ wénwen 좀 맡아봐	필순 　丶 丨 门 门 门 闩 闻 闻 闻 闻 闻
听 tīng 팅 들을 청	원리 : 옛 글자·俗字로 대체 聽 ➡ 听 ☞ 동 듣다 • 听见 tīngjiàn 들리다	필순 　丨 冂 口 叮 吓 听 听 听 听

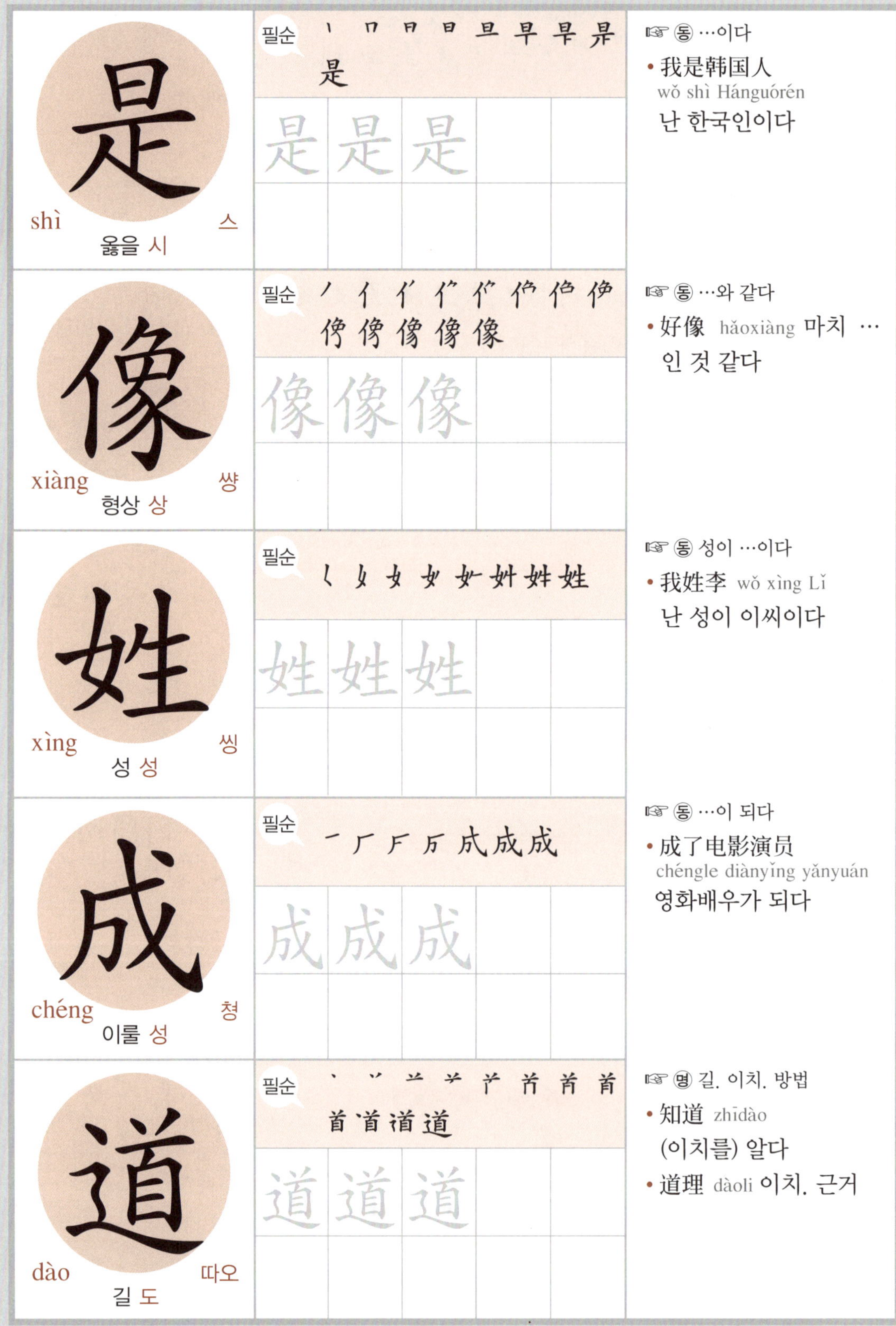

	필순	
是 shì 스 옳을 시	ㅣ 冂 冂 日 旦 早 무 뭊 昺 是 是 是 是	☞ 동 …이다 • 我是韩国人 wǒ shì Hánguórén 난 한국인이다
像 xiàng 썅 형상 상	ノ 亻 亻 伫 伫 伫 侉 傻 傻 傻 像 像 像 像 像 像	☞ 동 …와 같다 • 好像 hǎoxiàng 마치 … 인 것 같다
姓 xìng 씽 성 성	し 夕 女 女 女 妒 奸 姓 姓 姓 姓	☞ 동 성이 …이다 • 我姓李 wǒ xìng Lǐ 난 성이 이씨이다
成 chéng 청 이룰 성	一 厂 厂 F 厉 成 成 成 成 成 成	☞ 동 …이 되다 • 成了电影演员 chéngle diànyǐng yǎnyuán 영화배우가 되다
道 dào 따오 길 도	丶 丷 䒑 丷 产 芐 芐 首 首 省 道 道 道 道 道	☞ 명 길. 이치. 방법 • 知道 zhīdào (이치를) 알다 • 道理 dàoli 이치. 근거

28. 심리 · 소유 · 존재 동사

	필순	
喜 xǐ 씨 기쁠 희	一 十 士 吉 吉 吉 吉 吉 吉 吉 喜 喜 喜 喜 喜	☞ 동 기뻐하다 • 喜欢 xǐhuan 좋아하다
有 yǒu 여우 있을 유	一 ナ 才 有 有 有 有 有 有	☞ 동 가지다 • 我有哥哥 wǒ yǒu gēge 난 오빠가(형이) 있다
在 zài 짜이 있을 재	一 ナ 才 才 在 在 在 在 在	☞ 동 …에 있다 • 他在学校 tā zài xuéxiào 그는 학교에 있다
怕 pà 파 두려워할 파	丶 丶 忄 忄 忄 怕 怕 怕 怕 怕 怕	☞ 동 겁내다 • 害怕 hàipà 두렵다

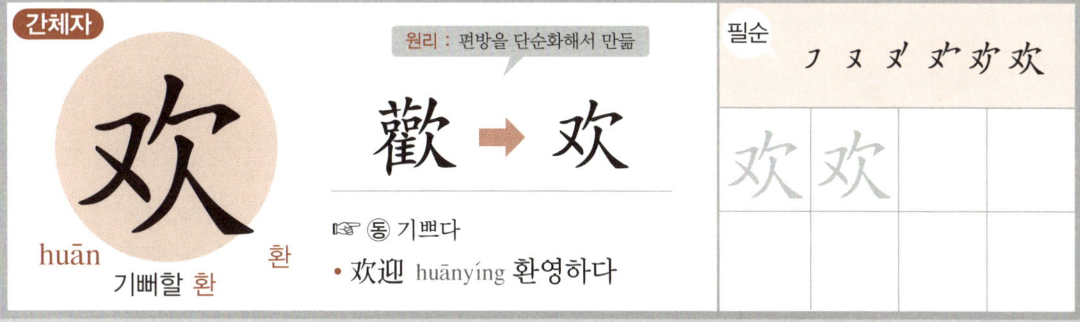

간체자

欢 huān 환 기뻐할 환

원리 : 편방을 단순화해서 만듦

歡 → 欢

☞ 동 기쁘다

• 欢迎 huānyíng 환영하다

필순: フ ヌ 又 对 欢 欢

欢 欢

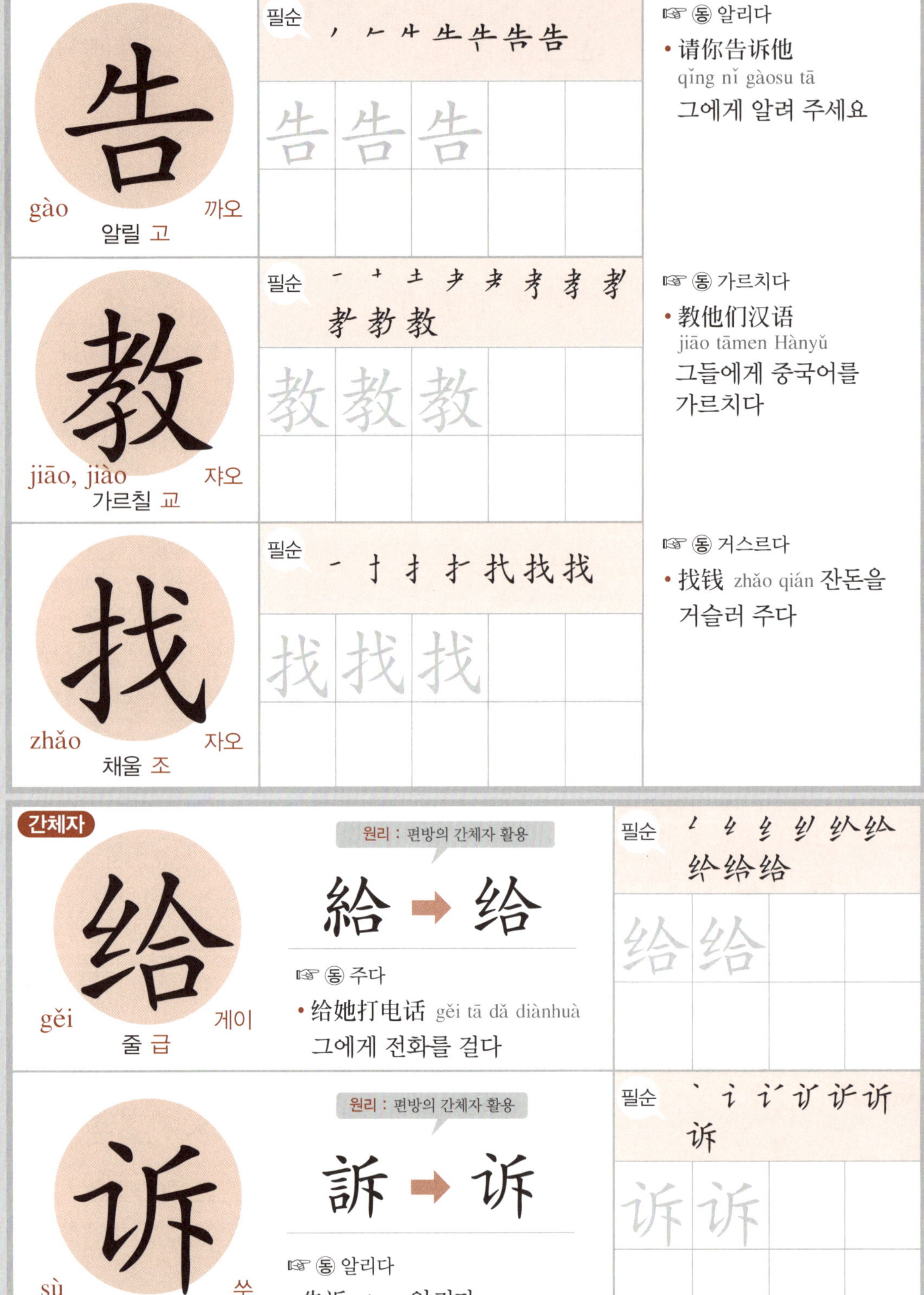

告 gào 알릴 고 까오

필순: ノ ← ⊥ 牛 牛 告 告

告 告 告

☞ 동 알리다
- 请你告诉他
  qǐng nǐ gàosu tā
  그에게 알려 주세요

教 jiāo, jiào 가르칠 교 쟈오

필순: 一 十 土 尹 耂 耂 孝 孝 孝 教 教

教 教 教

☞ 동 가르치다
- 教他们汉语
  jiāo tāmen Hànyǔ
  그들에게 중국어를 가르치다

找 zhǎo 채울 조 자오

필순: 一 十 扌 扌 找 找 找

找 找 找

☞ 동 거스르다
- 找钱 zhǎo qián 잔돈을 거슬러 주다

간체자

给 gěi 줄 급 게이

원리 : 편방의 간체자 활용

給 ➡ 给

☞ 동 주다
- 给她打电话 gěi tā dǎ diànhuà
  그에게 전화를 걸다

필순: ノ ← ⼁ 纟 纱 纱 纱 给 给

给 给

诉 sù 아뢸 소 쑤

원리 : 편방의 간체자 활용

訴 ➡ 诉

☞ 동 알리다
- 告诉 gàosu 알리다

필순: 丶 讠 讠 讠 诉 诉 诉

诉 诉

送

sòng 쏭

보낼 송

필순 丶 丷 䒑 兰 关 关 关 送 送
送

送 送 送

☞ ⓢ 보내다

• 送礼物 sòng lǐwù 선물을 주다

借

jiè 찌에

빌릴 차

필순 丿 亻 亻 仁 付 併 借 借 借
借 借

借 借 借

☞ ⓢ 빌리다

• 借钱 jiè qián 돈을 빌리다

通

tōng 통

통할 통

필순 ㇇ 乛 ᄀ 月 甬 甬 甬 甬 诵
诵 通

通 通 通

☞ ⓢ 관통하다. 알리다

• 通知 tōngzhī 통지하다. 알리다

知

zhī 즈

알 지

필순 丿 𠂉 ⺈ 午 矢 矢 知 知

知 知 知

☞ ⓢ 알다

• 知道 zhīdào 알다

간체자

还

hái, huán 하이, 환

돌아올 환

원리 : 편방을 단순화해서 만듦

還 → 还

☞ ⓢ 돌려주다

• 还书 huán shū 책을 돌려주다

필순 一 丆 不 不 不 还
还

还 还

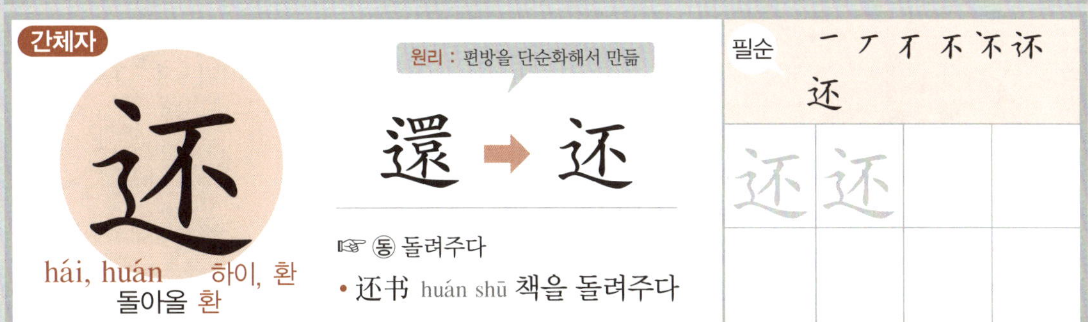

30. 겸어(사역) 동사

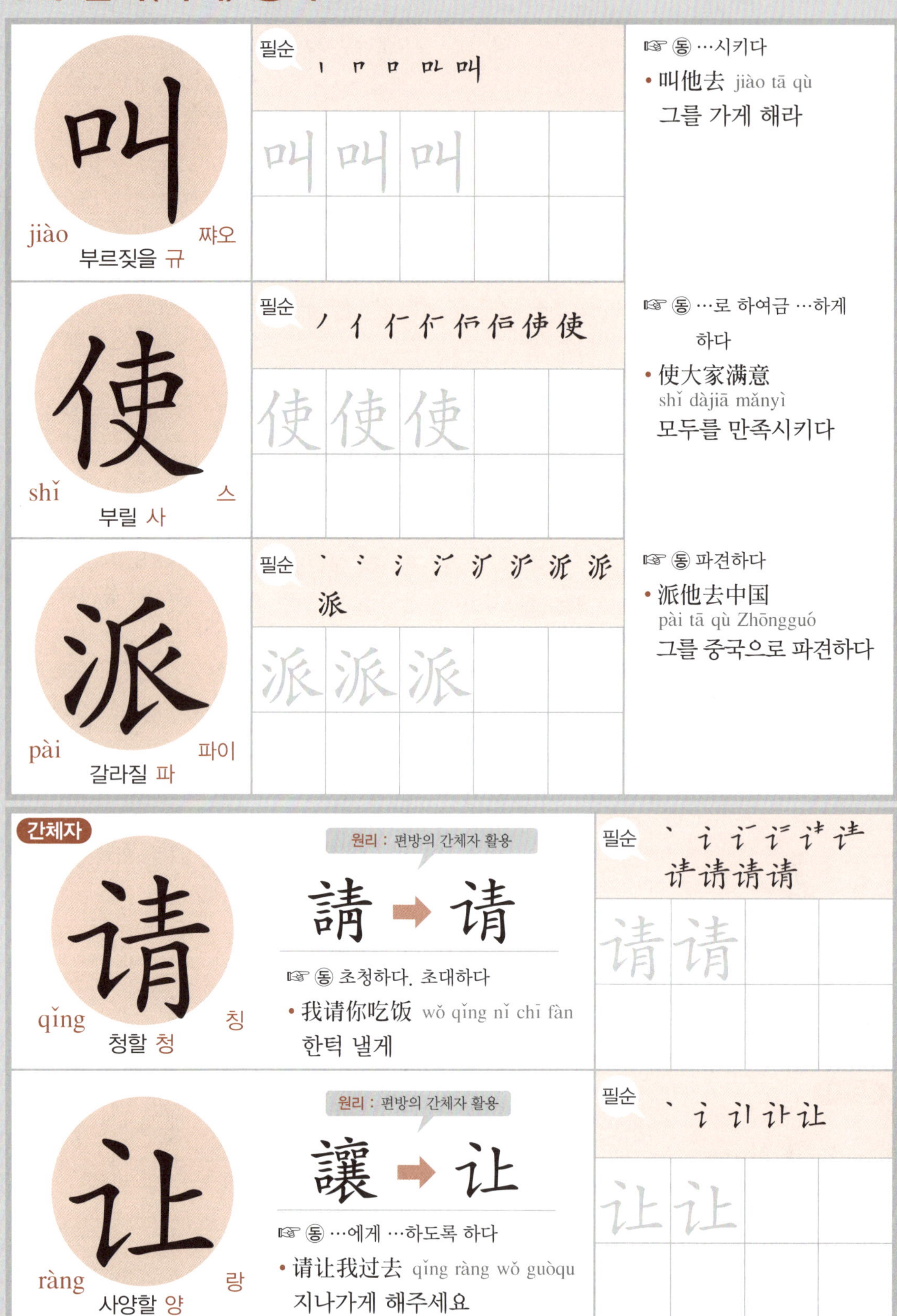

	叫 **jiào** 쨔오 부르짖을 규	필순 丨 冂 口 叫 叫 叫 叫 叫	☞ 동 …시키다 • 叫他去 jiào tā qù 그를 가게 해라
	使 **shǐ** 스 부릴 사	필순 丿 亻 亻 仁 仟 仨 使 使 使 使 使	☞ 동 …로 하여금 …하게 하다 • 使大家满意 shǐ dàjiā mǎnyì 모두를 만족시키다
	派 **pài** 파이 갈라질 파	필순 丶 丶 氵 氵 汇 沪 沪 派 派 派 派 派 派	☞ 동 파견하다 • 派他去中国 pài tā qù Zhōngguó 그를 중국으로 파견하다

간체자 请 **qǐng** 칭
청할 청

원리 : 편방의 간체자 활용

$$請 ➡ 请$$

☞ 동 초청하다. 초대하다
• 我请你吃饭 wǒ qǐng nǐ chī fàn
한턱 낼게

필순 丶 讠 讠 讠 请 请
请 请 请 请
请 请

让 ràng 랑
사양할 양

원리 : 편방의 간체자 활용

$$讓 ➡ 让$$

☞ 동 …에게 …하도록 하다
• 请让我过去 qǐng ràng wǒ guòqu
지나가게 해주세요

필순 丶 讠 让 让 让
让 让

掉 **diào** 따오 / 흔들 도	**필순** 一 十 扌 扌 扩 扩 护 拍 拍 掉	☞ 동 떨어지다 • 掉头 diàotóu 반대방향으로 바꾸다
解 **jiě** 지에 / 풀릴 해	**필순** 丿 ⺈ 𠂉 𠂉 角 角 角 𧣪 觧 觧 解 解 解	☞ 동 풀다. 열다 • 解绳子 jiě shéngzi 밧줄을 풀다
接 **jiē** 지에 / 받을 접	**필순** 一 十 扌 扩 扩 护 护 拉 按 接 接	☞ 동 받다 • 接电话 jiē diànhuà 전화를 받다

간체자

画 **huà** 화 / 그림 화

원리 : 옛 글자·俗字로 대체

書 ➡ 画

☞ 동 (그림을) 그리다
• 画画儿 huà huàr 그림을 그리다

필순 一 厂 厂 厅 万 面 画 画

划 **huá** 화 / 그을 획

원리 : 발음이 같은 글자로 대체

劃 ➡ 划

☞ 동 젓다
• 划船 huá chuán 배를 젓다

필순 一 七 戈 戈 戈 划

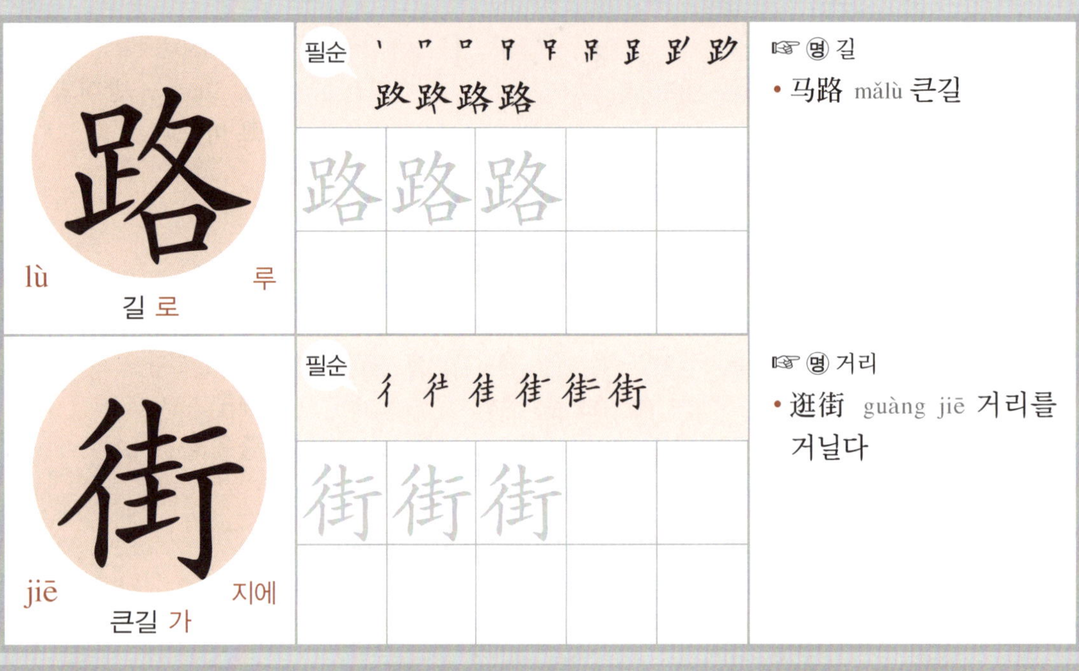

32. 일반 사물

路
lù 루
길 로

필순 丶 ㇕ 口 ⻊ ⻊ 𧾷 𧾷 𧾷 𧾷 跁 跁 路 路 路

路 路 路

☞ 명 길
• 马路 mǎlù 큰길

街
jiē 지에
큰길 가

필순 彳 彳 彳 彳 彳 街

街 街 街

☞ 명 거리
• 逛街 guàng jiē 거리를 거닐다

간체자

墙
qiáng 챵
담 장

원리 : 편방의 간체자 활용

牆 → 墙

☞ 명 벽
• 城墙 chéngqiáng 성벽

필순 土 土 圹 圹 圹 圹 坤 墙 墙

墙 墙

门
mén 먼
문 문

원리 : 옛 글자 · 俗字로 대체

門 → 门

☞ 명 문
• 门口 ménkǒu 입구

필순 丶 冂 门

门 门

桥
qiáo 챠오
다리 교

원리 : 편방의 간체자 활용

橋 → 桥

☞ 명 다리
• 立交桥 lìjiāoqiáo 입체 교차교

필순 一 十 才 木 杧 杧 桥 桥 桥 桥

桥 桥

窗

chuāng 촹

창 창

필순 丶 宀 宂 穴 穵 穸 窗 窗 窗 窗 窗

☞ 명 창

• 窗口 chuāngkǒu 창구

户

hù 후

백성의 집 호

필순 丶 ㇇ 彐 户

☞ 명 문. 세대

• 窗户 chuānghu 창(문)

刀

dāo 따오

칼 도

필순 ㇇ 刀

☞ 명 칼

• 刀子 dāozi 작은 칼

간체자

楼

lóu 러우

다락 루

원리 : 편방의 간체자 활용

樓 → 楼

☞ 명 건물

• 楼房 lóufáng 2층 이상의 건물

필순 一 十 木 木 木' 木'' 木'' 木米 木米 楼 楼 楼 楼

灯

dēng 떵

등 등

원리 : 옛 글자 · 俗字로 대체

燈 → 灯

☞ 명 등. 등불

• 电灯 diàndēng 전등

필순 丶 丷 火 火 火一 灯

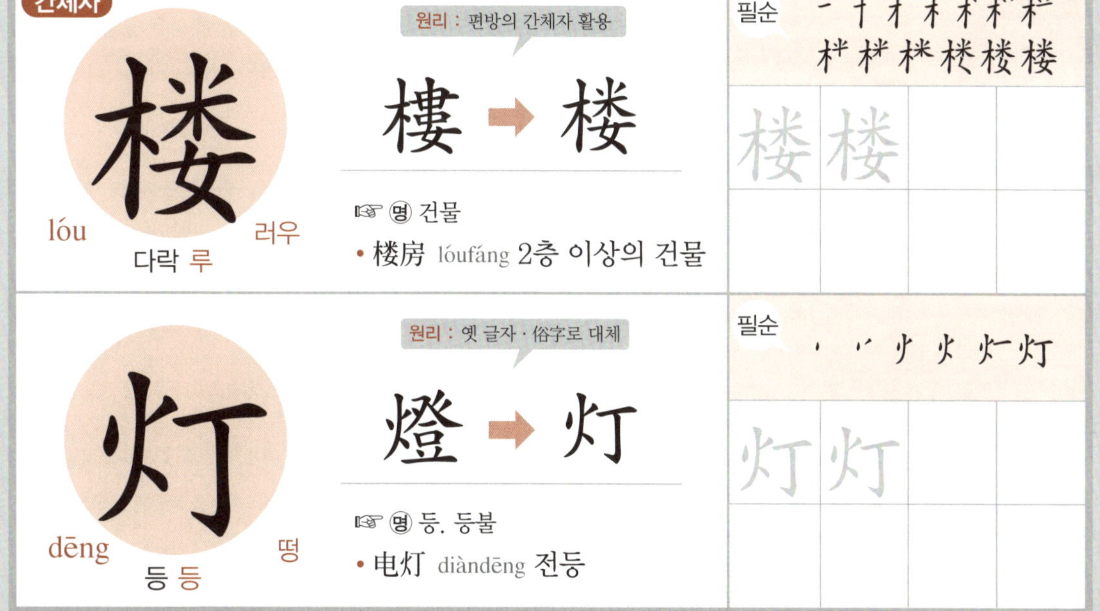

	필순	
器 qì 치 그릇 기	丶 ㄇ ㅁ ㅁ ㅁㅁ ㅁㅁ 㗊 哭 哭 哭 哭 哭 哭 器 器 器 器	☞ 명 기구 • 器官 qìguān (생물의) 기관
碗 wǎn 완 그릇 완	一 ㄏ 丆 石 石 石` 石` 矿 矿 矽 矽 硶 碗	☞ 명 그릇 • 饭碗 fànwǎn 밥공기. 직업
布 bù 뿌 베 포	一 ナ 才 右 布	☞ 명 천 • 布置 bùzhì 꾸미다. 장식하다

간체자

报 bào 빠오 알릴 보

원리 : 옛 글자 · 俗字로 대체

報 ➡ 报

☞ 명 신문

• 看报 kàn bào 신문을 보다

필순 一 扌 扌 扌 扣 报 报

纸 zhǐ 즈 종이 지

원리 : 편방의 간체자 활용

紙 ➡ 纸

☞ 명 종이

• 报纸 bàozhǐ 신문

필순 ㄥ 纟 纟 纟 纟 纸 纸

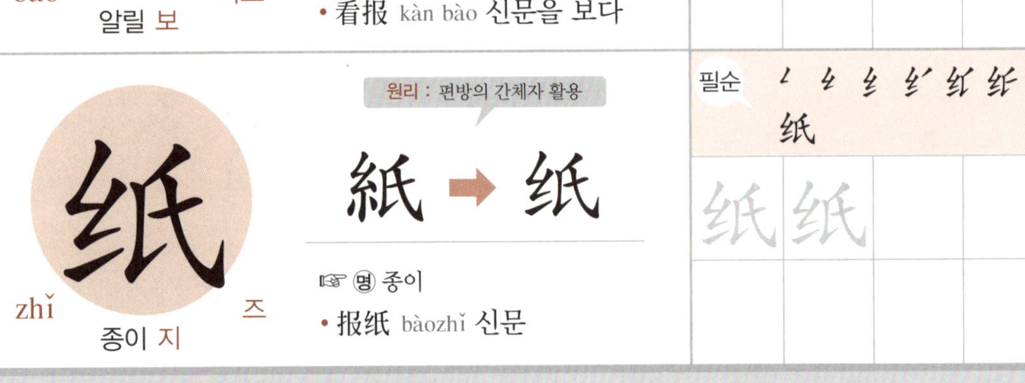

宿

sù 쑤

묵을 숙

필순 丶 丶 宀 宀 宀 宀 宀 宀 宿 宿 宿

☞ 동 밤을 지내다

• 宿舍 sùshè 기숙사

舍

shè 셔

집 사

필순 丿 人 𠆢 亼 今 全 舍 舍

☞ 명 가옥

• 宿舍楼 sùshèlóu 기숙사 건물

간체자

园

yuán 위엔

동산 원

원리 : 形声字의 원리로 만듦

園 → 园

☞ 명 밭

• 公园 gōngyuán 공원

필순 丨 冂 冂 冃 冃 园 园

钟

zhōng 중

쇠북 종

원리 : 形声字의 원리로 만듦

鐘 → 钟

☞ 명 시계

• 分钟 fēnzhōng 분

필순 丿 𠂉 𠂉 𠂉 钅 钅 钔 钔 钟

钢

gāng 깡

강쇠 강

원리 : 편방의 간체자 활용

鋼 → 钢

☞ 명 강철

• 钢笔 gāngbǐ 펜, 만년필

필순 丿 𠂉 𠂉 𠂉 钅 钅 钔 钢 钢

城	필순 一 十 土 圵 圵 圿 城 城 城	☞ 몡 성
chéng 청 재 성	城 城 城	• 城市 chéngshì 도시

市	필순 、 一 亠 宁 市	☞ 몡 도시
shì 스 저자 시	市 市 市	• 市场 shìchǎng 시장

村	필순 一 十 才 木 木 村 村	☞ 몡 마을
cūn 춘 마을 촌	村 村 村	• 农村 nóngcūn 농촌

간체자

馆	원리 : 편방의 간체자 활용 館 ➡ 馆 ☞ 몡 객사 • 博物馆 bówùguǎn 박물관	필순 ノ ⺈ ⻊ ⻊ ⻗ 饣 饣 饣 馆 馆 馆 馆
guǎn 꽌 객사 관		

图	원리 : 초서체를 해서화해서 만듦 圖 ➡ 圗 ➡ 图 ☞ 몡 그림 • 地图 dìtú 지도 • 图书馆 túshūguǎn 도서관	필순 丨 冂 冂 冈 冈 图 图 图 图
tú 투 그림 도		

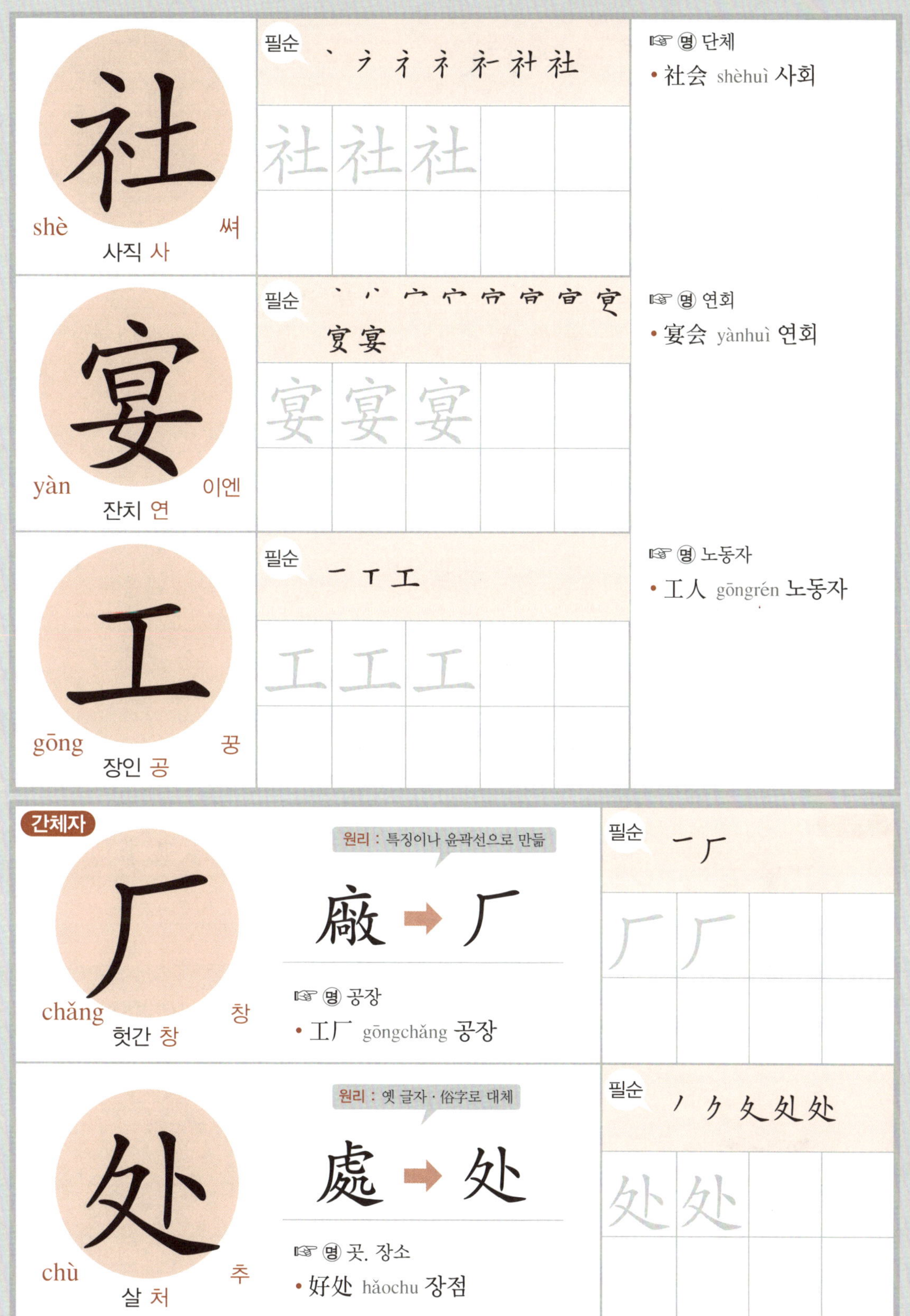

社 shè 사직 사 / 써
필순: 丶 ㇇ ㇇ 礻 礻 社 社
☞ 명 단체
· 社会 shèhuì 사회

宴 yàn 잔치 연 / 이엔
필순: 丶 丷 宀 宀 宀 宣 宣 宴 宴
☞ 명 연회
· 宴会 yànhuì 연회

工 gōng 장인 공 / 꿍
필순: 一 丅 工
☞ 명 노동자
· 工人 gōngrén 노동자

간체자

厂 chǎng 헛간 창 / 창
원리 : 특징이나 윤곽선으로 만듦
廠 ➡ 厂
필순: 一 丿
☞ 명 공장
· 工厂 gōngchǎng 공장

处 chù 살 처 / 추
원리 : 옛 글자·俗字로 대체
處 ➡ 处
필순: 丿 ㇇ 夂 处 处
☞ 명 곳. 장소
· 好处 hǎochu 장점

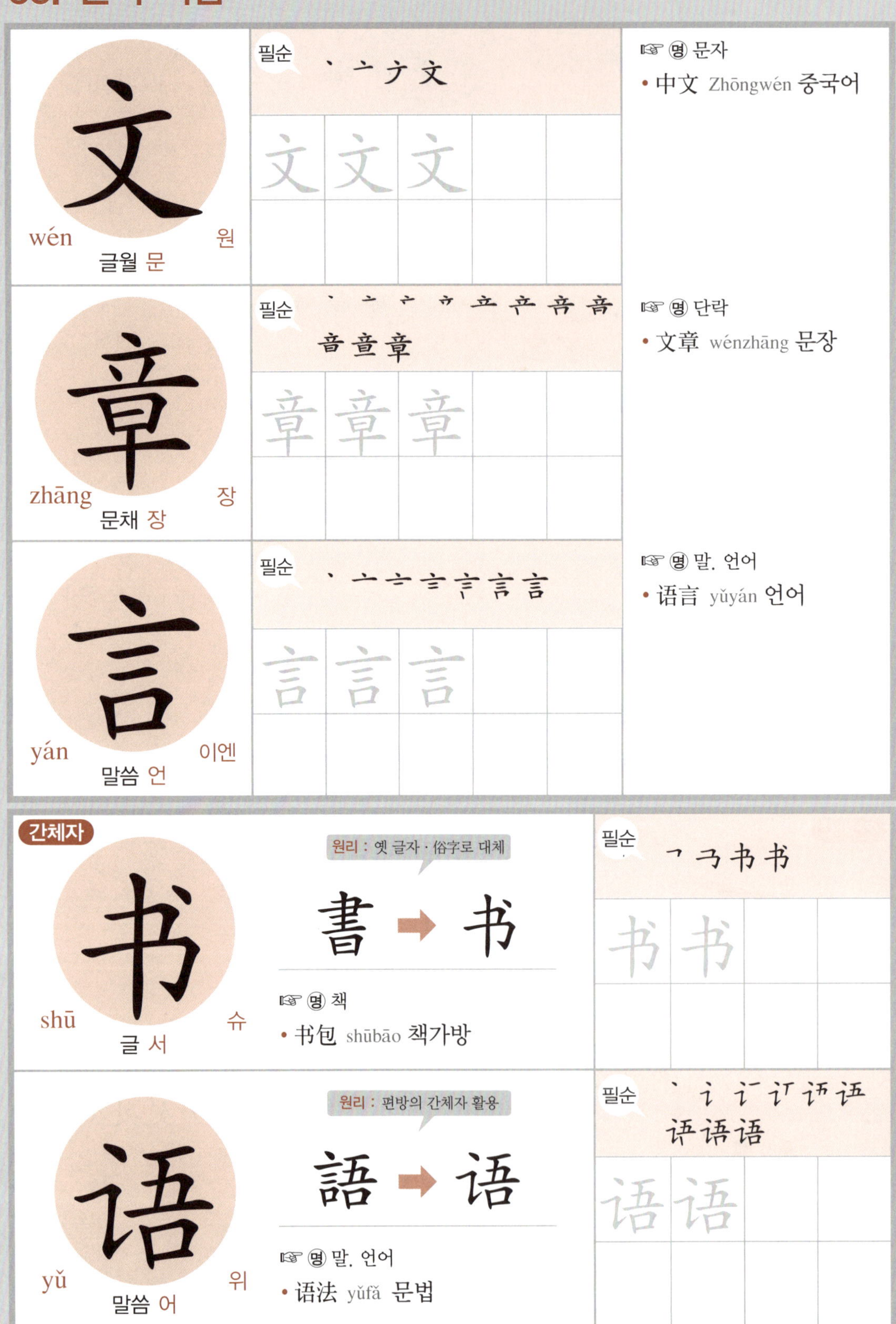

文
wén 원
글월 문

필순　、亠广文
文 文 文

☞ 몡 문자
• 中文 Zhōngwén 중국어

章
zhāng 장
문채 장

필순　、亠广产音音章音章
章 章 章

☞ 몡 단락
• 文章 wénzhāng 문장

言
yán 이엔
말씀 언

필순　、亠言言言言
言 言 言

☞ 몡 말. 언어
• 语言 yǔyán 언어

간체자

书
shū 슈
글 서

원리 : 옛 글자·俗字로 대체
書 ➡ 书

필순　フ马书书
书 书

☞ 몡 책
• 书包 shūbāo 책가방

语
yǔ 위
말씀 어

원리 : 편방의 간체자 활용
語 ➡ 语

필순　、讠讠讠讠语语语语语
语 语

☞ 몡 말. 언어
• 语法 yǔfǎ 문법

日 rì 해 일 · 르	**필순** ｜ 冂 日 日 日 日 日	☞ 몡 일 • 日语 rìyǔ 일본어
室 shì 집 실 · 스	**필순** 丶 丶 宀 宀 空 空 空 室 室 室 室 室	☞ 몡 방 • 教室 jiàoshì 교실
英 yīng 꽃 영 · 잉	**필순** 丷 十 艹 艹 苎 苎 英 英 英 英 英	☞ 몡 꽃. 영국(국명) • 英语 Yīngyǔ 영어

간체자 铅 qiān 납 연 · 치엔	**원리 : 편방의 간체자 활용** 鉛 ➡ 铅 ☞ 몡 납 • 铅笔 qiānbǐ 연필	**필순** 丿 丿 卜 卡 钅 钔 钋 铅 铅 铅
笔 bǐ 붓 필 · 비	**원리 : 옛 글자·俗字로 대체** 筆 ➡ 笔 ☞ 몡 펜 • 笔记本 bǐjìběn 노트	**필순** 丿 𠂉 竹 𥫗 竹 竹 竻 竻 竻 笔 笔 笔

黑 hēi 흐에이 검을 흑	필순 `丶 丿 冂 冃 四 甲 甲 里 里` `黑 黑 黑`	☞ 형 검다 • 黑板 hēibǎn 칠판
基 jī 지 터 기	필순 `一 十 卄 廿 甘 甚 其 其` `基 基`	☞ 명 기반 • 基本 jīběn 기본
板 bǎn 반 널조각 판	필순 `一 十 才 木 术 扩 板 板`	☞ 명 판자 • 老板 lǎobǎn 사장님. 주인

| **간체자** 础
chǔ
츄
주춧돌 초 | 원리 : 形声字의 원리로 만듦
礎 ➡ 础
☞ 명 초석
• 基础 jīchǔ 기초 | 필순 `一 厂 石 矿 砒 础`
`础 础` |
| 页
yè
이에
머리 혈 | 원리 : 초서체를 해서화해서 만듦
頁 ➡ 頁 ➡ 页
☞ 명 쪽. 페이지
• 空页 kōngyè 빈 페이지 | 필순 `一 一 厂 页 页 页` |

| 磁 cí 자석 자 츠 | 필순 石 石' 砂 磁 磁 磁 磁 磁 磁 （磁 磁 磁） | ☞ 몡 자기(磁器)
• 磁带 cídài 녹음 테이프 |
| 典 diǎn 법 전 디엔 | 필순 丨 冂 巾 曲 曲 曲 典 典 （典 典 典） | ☞ 몡 서적
• 词典 cídiǎn 사전 |

词 cí 말 사 츠	원리 : 편방의 간체자 활용 詞 ➡ 词 ☞ 몡 말. 구절 • 生词 shēngcí 새 단어	필순 丶 讠 订 讠 词 词 （词 词）
带 dài 띠 대 따이	원리 : 옛 글자·俗字로 대체 帯 ➡ 带 ☞ 동 지니다 • 带来 dàilái 가져오다	필순 一 艹 卅 卌 卌 典 芇 带 带 （带 带）
课 kè 시험할 과 커	원리 : 편방의 간체자 활용 課 ➡ 课 ☞ 몡 수업 • 上课 shàngkè 수업을 하다	필순 丶 讠 订 识 识 识 识 评 课 课 （课 课）

班
bān ┃ 빤
벌려설 반

필순: 一 丁 丆 王 王 丐 玎 玣 班 班

班 班 班

☞ 휑 반
• 上班　shàngbān
　출근하다
• 下班　xiàbān 퇴근하다

作
zuò ┃ 쭤
지을 작

필순: 丿 亻 仁 仵 竹 作 作

作 作 作

☞ 동 …하다
• 作业　zuòyè 숙제
• 工作　gōngzuò 일

字
zì ┃ 쯔
글자 자

필순: 丶 丷 宀 字 字 字

字 字 字

☞ 명 글자
• 名字　míngzi 이름. 성명

간체자

业
yè ┃ 이에
일할 업

원리 : 특징이나 윤곽선으로 만듦

業 ➡ 业

☞ 명 업종
• 工业　gōngyè 공업

필순: 丨 刂 刂 业 业

业 业

国
guó ┃ 궈
나라 국

원리 : 옛 글자 · 俗字로 대체

國 ➡ 国

☞ 명 나라
• 中国　Zhōngguó 중국

필순: 丨 冂 冂 日 用 国 国 国

国 国

懂 dǒng 동 알 동	필순 　亻亻忄忄忄忄忄忄忄 懂懂懂懂懂	☞ ⑧ 이해하다 • 懂事 dǒngshì 철들다
翻 fān °판 번득일 번	필순 　ノ ヽ ㄇ ㅁ 乎 乎 乎 番 番番翻翻	☞ ⑧ 뒤집다 • 车翻了 chē fān le 차가 뒤집혔다

译 yì 이 번역할 역	원리 : 편방의 간체자 활용 譯 ➡ 译 ☞ ⑧ 번역하다 • 翻译 fānyì 번역하다. 통역하다. 통역자	필순 　讠 计 讥 译 译 译 译译
练 liàn 리엔 익힐 련	원리 : 편방의 간체자 활용 練 ➡ 练 ☞ ⑧ 연습하다 • 练习 liànxí 연습하다	필순 　ㄥ 纟 纟 纩 纩 练 练练 练练
习 xí 씨 익힐 습	원리 : 특징이나 윤곽선으로 만듦 習 ➡ 习 ☞ ⑧ 익히다 • 学习 xuéxí 공부하다	필순 　フ 刁 习 习习

	필순	
研 yán 이엔 연구할 연	一 ナ 石 石 石 石 硏 硏	☞ 통 연구하다 • 研究 yánjiū 연구하다
究 jiū 지우 꾀할 구	丶 冖 宀 宀 宊 究 究	☞ 통 조사하다 • 讲究 jiǎngjiu 신경을 쓰다. 중시하다
考 kǎo 카오 상고할 고	一 十 土 耂 耂 考	☞ 통 시험치다 • 考试 kǎoshì 시험치다

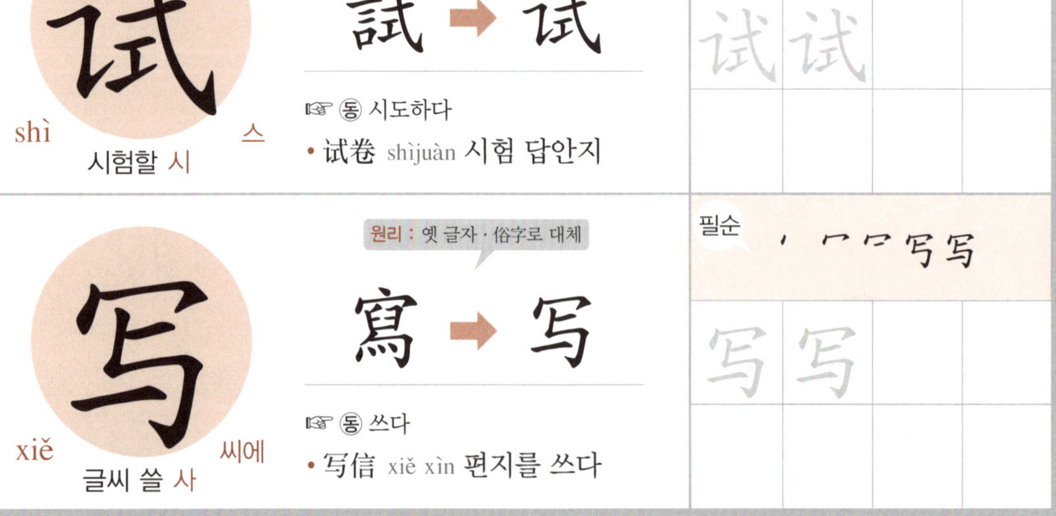

留

liú 리우

머무를 류

필순 ㇒ ㇗ ㇙ 𠂎 𠃌 ... 留

留 留 留

☞ 동 남기다

• 留学 liúxué 유학하다

忘

wàng 왕

잃어버릴 망

필순 丶 亠 亡 忘

忘 忘 忘

☞ 동 잊다

• 忘记 wàngjì 잊어버리다

取

qǔ 취

취할 취

필순 一 厂 F F F 耳 取 取

取 取 取

☞ 동 가지다

• 取钱 qǔ qián 돈을 찾다

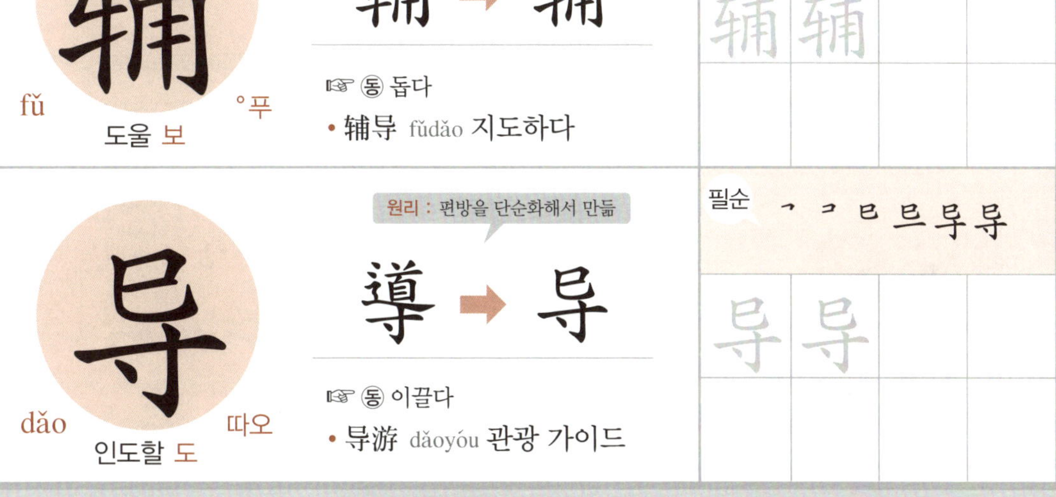

간체자

辅

fǔ °푸

도울 보

원리 : 편방의 간체자 활용

輔 → 辅

☞ 동 돕다

• 辅导 fǔdǎo 지도하다

필순 一 𠃊 车 车 车 轩 轲 辅 辅 辅

辅 辅

导

dǎo 따오

인도할 도

원리 : 편방을 단순화해서 만듦

導 → 导

☞ 동 이끌다

• 导游 dǎoyóu 관광 가이드

필순 ㇕ ㇕ 巳 巳 导 导

导 导

答 dá 대답 답 / 다	필순: 丿 乀 ⺮ 笨 笨 笨 笨 笨 笨 笨 笨 答 答 答 答 答	☞ 동 대답하다 • 答应 dāying 대답하다
播 bō 심을 파 / 보어	필순: 一 十 扌 扩 扩 扩 护 押 押 採 採 播 播 播 播 播 播 播	☞ 동 퍼뜨리다 • 广播电台 guǎngbō diàntái 라디오 방송국

간체자

	원리: 특징이나 윤곽선으로 만듦	필순: 丶 亠 广
广 guǎng 넓을 광 / 광	廣 ➡ 广 ☞ 형 넓다 • 广场 guǎngchǎng 광장	广 广
汉 hàn 한수 한 / 한	원리: 편방을 단순화해서 만듦 漢 ➡ 汉 ☞ 명 한족. 한(漢)나라 • 汉语 Hànyǔ 중국어 • 汉字 Hànzì 한자	필순: 丶 冫 氵 汊 汉 汉 汉
话 huà 이야기 화 / 화	원리: 편방의 간체자 활용 話 ➡ 话 ☞ 명 말 • 电话 diànhuà 전화	필순: 丶 讠 讠 讦 讦 话 话 话 话

34. 일반 추상 명사

技

jì 찌

재주 기

필순 一 十 扌 扌 扌 抆 技

技 技 技

☞ 명 기능

• 杂技 zájì 곡예

思

sī 쓰

생각할 사

필순 丨 冂 冂 田 田 田 思 思 思

思 思 思

☞ 동 생각하다

• 有意思 yǒu yìsi 재미있다

周

zhōu 저우

두루 주

필순 丿 刀 月 月 用 用 周 周

周 周 周

☞ 명 둘레

• 周末 zhōumò 주말

간체자

艺

yì 이

재주 예

원리 : 形声字의 원리로 만듦

藝 → 艺

☞ 명 기예

• 艺术 yìshù 예술

필순 一 十 艹 艺

艺 艺

术

shù 슈

꾀 술

원리 : 특징이나 윤곽선으로 만듦

術 → 术

☞ 명 기술, 방법

• 技术 jìshù 기술

필순 一 十 才 木 术

术 术

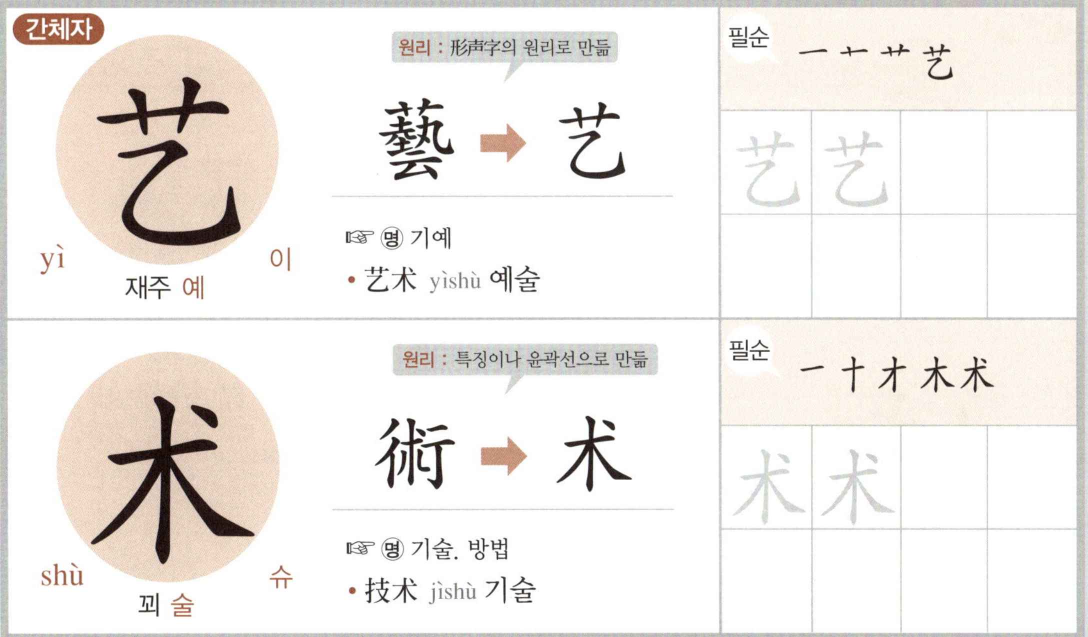

族 zú 겨레 족 주	필순 ` ー ﾅ 方 方 ﾁ ﾁ ﾁ 菸 旒 族	☞ ⑲ 민족 • 民族 mínzú 민족
祖 zǔ 선조 조 주	필순 ` ﾌ ｦ ｦ ｦ 礻 衤 祀 初 袒 祖	☞ ⑲ 조상 • 祖国 zǔguó 조국
初 chū 처음 초 츄	필순 ` ﾌ ｦ ｦ ｦ ｦ 初 初	☞ ⑲ 처음 • 初级 chūlián 초급

간체자

号 hào 이름 호 하오

원리 : 옛 글자 · 俗字로 대체

號 ➡ 号

☞ ⑲ 이름
• 号码 hàomǎ 번호

필순 ` ﾛ ﾛ 号

绩 jì 공적 찌

원리 : 편방의 간체자 활용

績 ➡ 绩

☞ ⑲ 공적
• 成绩 chéngjì 성적

필순 ` ㄥ ㄠ 纟 纟 纟 纩 纩 绩 绩 绩

卡 kǎ 지킬 잡 · 카	필순 ` ㅏ 上 卡 卡 卡 卡 卡	☞ 몡 카드 • 信用卡 xìnyòngkǎ 신용 카드
般 bān 일반 반 · 빤	필순 ´ ⺆ 力 夯 身 舟 舟 舟' 舠 舟殳 般 般 般 般	☞ 몡 종류 혱 보통의 • 一般 yìbān 보통

备 bèi 갖출 비 · 뻬이	원리 : 옛 글자·俗字로 대체 備 ➡ 备 ☞ 통 구비하다 • 准备 zhǔnbèi 준비하다	필순 ´ ⺈ 夂 夂 各 各 备 备 备 备
济 jì 건널 제 · 찌	원리 : 편방의 간체자 활용 濟 ➡ 济 ☞ 통 구제하다 • 经济 jīngjì 경제	필순 ` ⺀ ㇇ 氵 汸 汸 汸 汸 济 济 济
计 jì 셈 계 · 찌	원리 : 편방의 간체자 활용 計 ➡ 计 ☞ 통 세다 • 计划 jìhuà 계획	필순 ` ㇁ ㇀ 计 计 计

部	필순 `丶 亠 亠 产 立 产 咅 咅` 咅阝部	☞ 명 부분 • 干部 gànbù 간부

bù / 뿌 / 나눌 부

部 部 部

歌	필순 `一 一 一 一 一 一 一 一 一 一` 哥 哥 哥 歌 歌 歌	☞ 명 노래 • 唱歌 chàng gē 노래를 부르다

gē / 그어 / 노래 가

歌 歌 歌

故	필순 `一 十 古 古 古 故 故` 故	☞ 명 사고 형 오래된 • 故宫 gùgōng 고궁

gù / 꾸 / 옛 고

故 故 故

간체자

紀 → 纪

jì / 찌 / 기록할 기

원리 : 편방의 간체자 활용

☞ 명 법도
• 纪念 jìniàn 기념하다

필순 `纟 纟 纟 纪 纪 纪`

纪 纪

駕 → 驾

jià / 쨔 / 임금탄수레 가

원리 : 편방의 간체자 활용

☞ 동 몰다
• 劳驾 láojià 말씀 좀 묻겠습니다

필순 `フ カ 加 架 驾 驾`

驾 驾

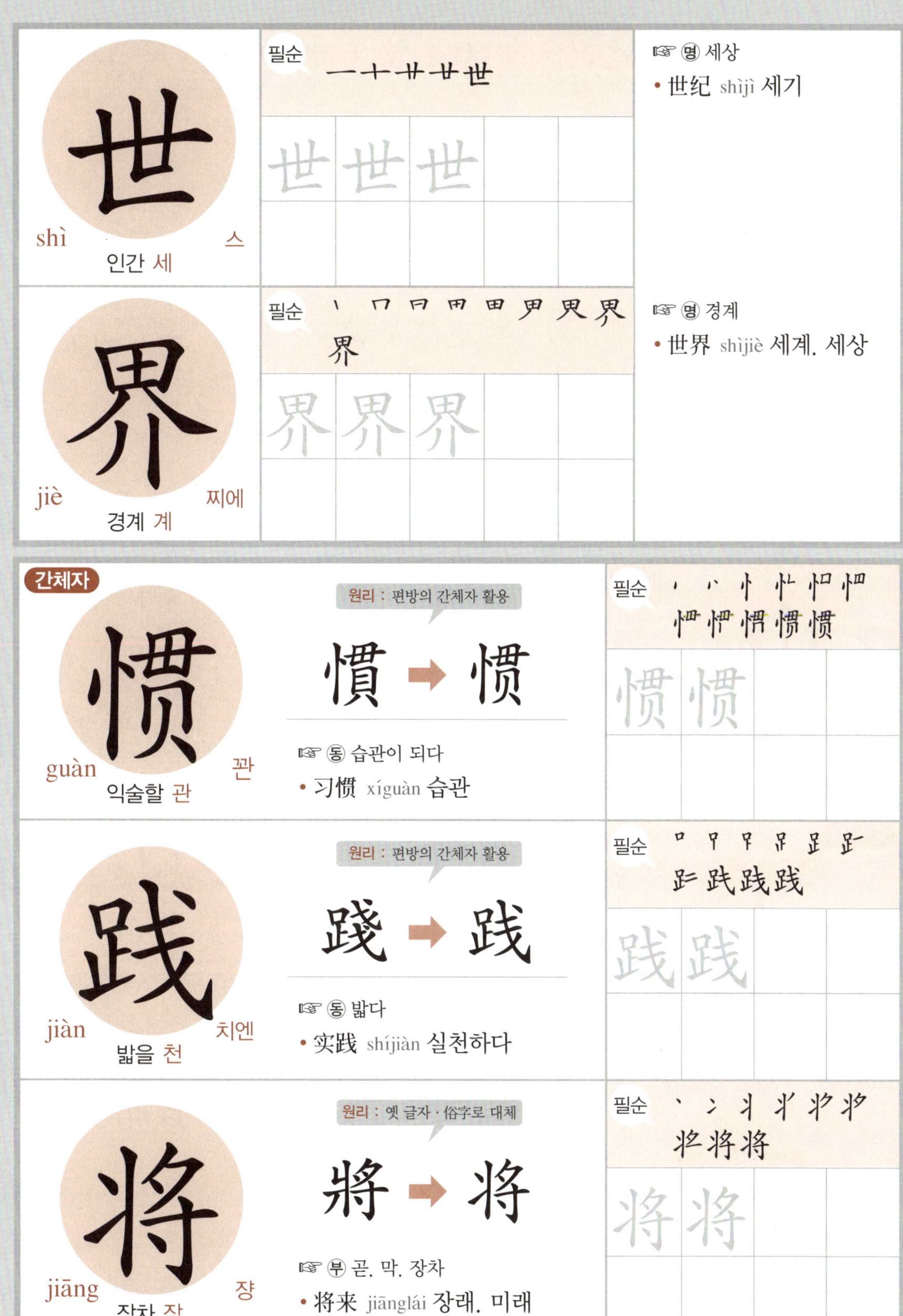

	필순	
世 shì 인간 세 / 스	一 十 卄 世 世 世 世 世	☞ 똉 세상 • 世纪 shìjì 세기
界 jiè 경계 계 / 찌에	丶 丨 口 曰 田 田 界 界 界 界 界 界 界	☞ 똉 경계 • 世界 shìjiè 세계. 세상

간체자

	원리: 편방의 간체자 활용	필순
慣 guàn 익숙할 관 / 꽌	慣 ➡ 惯 ☞ 똥 습관이 되다 • 习惯 xíguàn 습관	丶 丶 丬 忄 忄 忄 忄 忄 惯 惯 惯 惯 惯
践 jiàn 밟을 천 / 치엔	踐 ➡ 践 ☞ 똥 밟다 • 实践 shíjiàn 실천하다	口 口 口 昆 圼 趵 趵 趶 践 践 践 践
将 jiāng 장차 장 / 쟝	將 ➡ 将 ☞ 뿐 곧. 막. 장차 • 将来 jiānglái 장래. 미래	丶 丶 丬 丬 扩 将 扩 将 将 将 将

<table>
<tr><td>科
kē　커
조목 과</td><td>필순　一 二 千 禾 禾 禾 禾 科
科

科 科 科</td><td>☞ 명 (학술 등의) 과
• 科学 kēxué 과학</td></tr>
<tr><td>况
kuàng　쾅
모양 황</td><td>필순　丶 冫 冫 冫 沪 沪 沪 况

况 况 况</td><td>☞ 명 상태
• 情况 qíngkuàng 상황</td></tr>
<tr><td>史
shǐ　스
사관 사</td><td>필순　丿 口 口 史 史

史 史 史</td><td>☞ 명 역사
• 历史 lìshǐ 역사</td></tr>
</table>

<table>
<tr><td>간체자

礼
lǐ　리
예 례</td><td>원리 : 옛 글자·俗字로 대체

禮 ➡ 礼

☞ 명 의식
• 礼物 lǐwù 선물</td><td>필순　丶 ラ ネ ネ 礼

礼 礼</td></tr>
<tr><td>历
lì　리
채력 력</td><td>원리 : 形声字의 원리로 만듦

歷 ➡ 历

☞ 동 경험하다
• 经历 jīnglì 겪다. 경력</td><td>필순　一 厂 万 历

历 历</td></tr>
</table>

例
lì
인증 례
리

필순 例

☞ 몡 예
• 例如 lìrú 예를 들면

目
mù
눈 목
무

필순 目

☞ 몡 눈
• 节目 jiémù 프로그램

色
sè
색 색
써

필순 色

☞ 몡 색
• 脸色 liǎnsè 안색

간체자

顔
yán
얼굴 안
이엔

원리 : 편방의 간체자 활용

顔 ➡ 颜

☞ 몡 색
• 颜色 yánsè 색채. 색깔

필순 颜

視
shì
볼 시
스

원리 : 편방의 간체자 활용

視 ➡ 视

☞ 동 보다
• 电视 diànshì TV

필순 视

平	필순	一 厂 厂 乑 平	☞ 휑 평평하다
píng 핑		平 平 平	• 平安 píng'ān 평안하다
고를 평			

神	필순	丶 礻 礻 礻 礻 礻 礻 礻 神	☞ 명 신
shén 션		神 神 神	• 精神 jīngshén 정신
귀신 신			

省	필순	丨 丨 丿 少 少 少 省 省 省	☞ 동 절약하다
shěng 셩		省 省 省	• 黑龙江省 hēilóngjiāngshěng 흑룡강성
살필 성			

간체자

態 ➡ 态

원리 : 形声字의 원리로 만듦

필순: 一 ナ 大 太 太 态 态 态

态 태 / tài 타이 / 모양 태

☞ 명 형태
• 态度 tàidù 태도

團 ➡ 团

원리 : 편방을 단순화해서 만듦

필순: 丨 冂 冃 冃 团 团

团 / tuán 퇀 / 둥글 단

☞ 휑 둥글다
• 团结 tuánjié 단합하다

事

shì　스
일 사

필순　一　亅　亖　亖　亖　亖　事　事

事　事　事

☞ 몡 일
• 事情 shìqing 일

校

xiào　샤오
학교 교

필순　一　十　十　オ　木　杧　柿　枋　枋　校

校　校　校

☞ 몡 학교
• 学校 xuéxiào 학교

员 〔간체자〕

yuán　위엔
관원 원

원리 : 편방의 간체자 활용

員 ➡ 员

☞ 몡 어느 분야에 종사하고 있는 사람
• 服务员 fúwùyuán 종업원

필순　丶　冂　口　尸　吊　员

员　员

围 〔간체자〕

wéi　웨이
에워쌀 위

원리 : 편방의 간체자 활용

圍 ➡ 围

☞ 동 둘러싸다
• 围巾 wéijīn 목도리. 스카프

필순　丨　冂　冂　冃　同　围

围　围

误 〔간체자〕

wù　우
그릇할 오

원리 : 편방의 간체자 활용

誤 ➡ 误

☞ 동 틀리다
• 错误 cuòwù 과실. 잘못

필순　丶　讠　讠　讧　误　误　误

误　误

心

xīn 씬

마음 심

필순 丶 心 心 心

心 心 心

☞ 명 마음

• 关心 guānxīn 관심을 갖다

澡

zǎo 짜오

씻을 조

필순 氵 氵 澡 澡 澡 澡 澡

澡 澡 澡

☞ 동 씻다

• 洗澡 xǐ zǎo 목욕하다

간체자

圆

yuán 위엔

둥글 원

원리 : 편방의 간체자 활용

圓 → 圆

☞ 명 원

• 圆珠笔 yuánzhūbǐ 볼펜

필순 丨 冂 冂 冂 冃 冃 冃 圆 圆 圆 圆

圆 圆

系

xì 씨

이을 계

원리 : 발음이 같은 글자로 대체

係 → 系

☞ 명 계통

• 关系 guānxi 관계

필순 一 丆 幺 幺 玄 系 系

系 系

验

yàn 이엔

시험할 험

원리 : 편방의 간체자 활용

驗 → 验

☞ 동 조사하다

• 经验 jīngyàn 경험

필순 ㇇ 马 马 马' 马' 验 验 验 验 验

验 验

附 fù / °푸 / 덧붙일 부

필순: ⺆ ⻖ ⻖ ⻖ ⻖ ⻖ 附 附

☞ 동 동봉하다
· 附近 fùjìn 부근

理 lǐ / 리 / 다스릴 리

필순: 一 ⊤ ⼿ 王 玌 玗 玾 玾 理 理 理

☞ 명 도리
· 道理 dàolǐ 일리

간체자

题 tí / 티 / 제목 제

원리 : 편방의 간체자 활용

題 ➡ 题

☞ 명 표제
· 问题 wèntí 문제. 질문

필순: ⼁ ⼌ ⼌ 日 旦 무 무 昻
是 是 昰 题 题 题 题

义 yì / 이 / 뜻 의

원리 : 옛 글자·俗字로 대체

義 ➡ 义

☞ 명 정의
· 结义 jiéyì 의형제를 맺다

필순: 丶 丷 义

谊 yì / 이 / 옳을 의

원리 : 편방의 간체자 활용

誼 ➡ 谊

☞ 명 우정
· 友谊 yǒuyì 우정

필순: 丶 讠 讠 讠 诌 诌
诌 诌 诌 谊

35. 행위 동사 (추상 의미)

示 shì 스 보일 시	필순: 一 二 亍 示 示 示 示 示	☞ 통 가리키다 • 表示 biǎoshì 나타내다
批 pī 피 칠 비	필순: 一 扌 扩 扑 批 批 批 批 批 批	☞ 통 비판하다 • 批准 pīzhǔn 허가하다

간체자		
表 biǎo 뱌오 겉 표	원리: 발음이 같은 글자로 대체 錶 ➡ 表 ☞ 명 시계 • 表示 biǎoshì 나타내다	필순: 一 二 丰 主 尹 表 表 表 表 表
评 píng 핑 품평할 평	원리: 편방의 간체자 활용 評 ➡ 评 ☞ 통 논평하다 • 批评 pīpíng 탓하다. 꾸짖다.	필순: 丶 讠 讦 评 评 评 评 评 评
现 xiàn 씨엔 보일 현	원리: 편방의 간체자 활용 現 ➡ 现 ☞ 명 현재 • 出现 chūxiàn 나타나다	필순: 一 二 丰 王 玚 现 现 现 现 现

| 代 | 필순　ノ イ 仁 代 代 | ☞ 동 대신하다 |
| dài　따이　대신할 대 | 代 代 代 | 代表 dàibiǎo 대표, 대표자 |

| 等 | 필순　ノ ト ヒ 竺 竺 竺 笭 等
笙 笙 等 等 | ☞ 동 기다리다 |
| děng　떵　무리 등 | 等 等 等 | 等一会儿吧 děng yíhuìr ba 잠시만 기다리시오 |

| 利 | 필순　ノ ニ 千 禾 禾 利 利 | ☞ 형 이롭다 |
| lì　리　날카로울 리 | 利 利 利 | 利用 lìyòng 이용하다 |

改

gǎi 까이

고칠 개

필순

改 改 改

☞ 동 고치다

• 改变 gǎibiàn 바꾸다

展

zhǎn 쟌

펼 전

필순

展 展 展

☞ 동 펼치다

• 展览 zhǎnlǎn 전시하다

化

huà 화

화할 화

필순

化 化 化

☞ 동 녹다. 변화하다

• 变化 biànhuà 변화

간체자

关

guān 꽌

통할 관

원리 : 옛 글자 · 俗字로 대체

關 → 关

☞ 동 닫다

• 关系 guānxi 관계

• 关心 guānxīn 관심을 갖다

필순

关 关

开

kāi 카이

열 개

원리 : 특징이나 윤곽선으로 만듦

開 → 开

☞ 동 열다

• 打开 dǎkāi 열다

• 开车 kāi chē 운전하다

필순

开 开

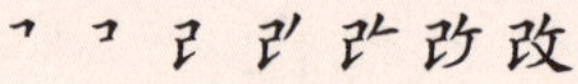

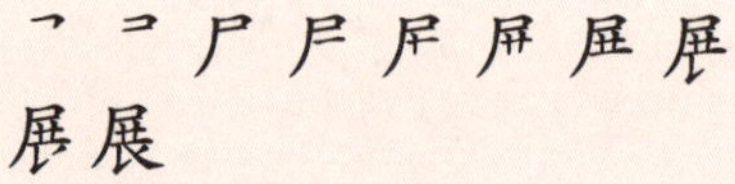

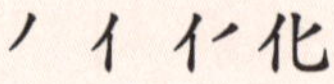

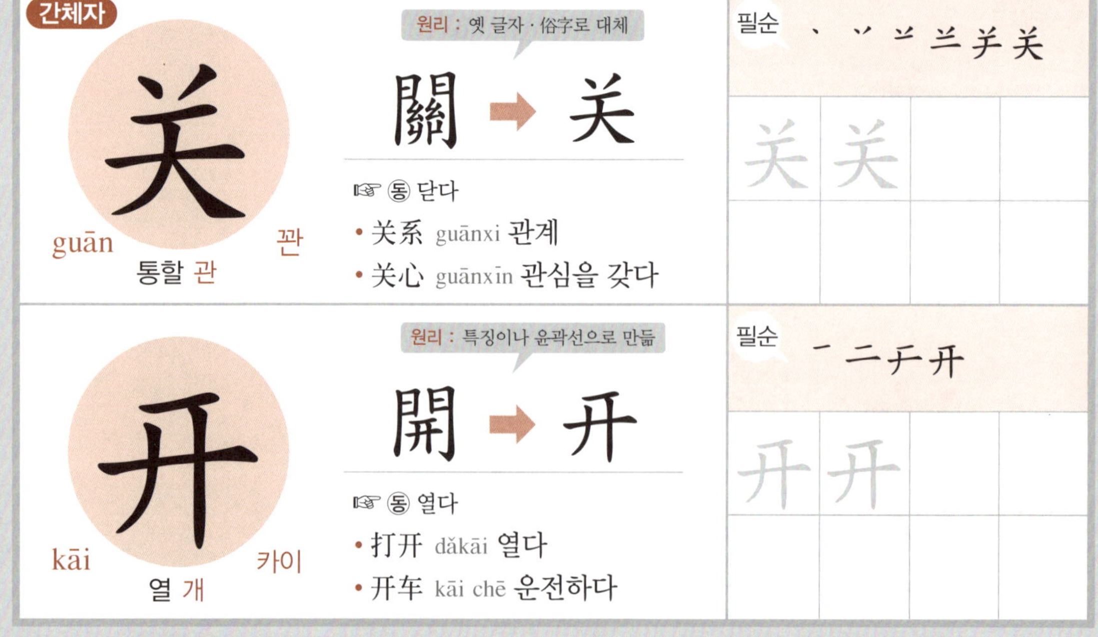

| 始 | 필순 | ㄑ ㄥ 女 女 女 始 始 始 | ☞ 명 시초 |
| shǐ 스 처음 시 | | 始 始 始 | • 开始 kāishǐ 시작하다 |

| 助 | 필순 | ㅣ ㄇ ㄐ 且 且 助 助 | ☞ 동 돕다 |
| zhù 쥬 도울 조 | | 助 助 助 | • 帮助 bāngzhù 돕다 |

| 决 | 필순 | ㆍ ㆆ ㆓ 冫 决 决 | ☞ 동 정하다 |
| jué 쥐에 결단할 결 | | 决 决 决 | • 决定 juédìng 결정하다 |

간체자

| 帮 | 원리 : 특징이나 윤곽선으로 만듦 | 幫 ➡ 帮 | 필순 ㆒ ㆓ ㆔ 丰 邦 邦 邦 帮 帮 |
| bāng 빵 도울 방 | | ☞ 동 돕다 • 帮忙 bāngmáng 돕다 | 帮 帮 |

| 変 | 원리 : 옛 글자·俗字로 대체 | 變 ➡ 変 | 필순 ㆍ ㆒ ㆓ 亣 亦 亦 変 変 |
| biàn 삐엔 변할 변 | | ☞ 동 변하다 • 变黄了 biàn huáng le 노랗게 변했다 | 変 変 |

反	필순 `一 厂 厃 反`	☞ 형 반대의
fǎn °판 돌이킬 반	反 反 反	• 反对 fǎnduì 반대하다

假	필순 `丿 亻 亻 伫 伫 伫 作 作 假 假 假`	☞ 명 휴가
jiǎ, jià 쟈 거짓 가	假 假 假	• 请假 qǐng jià 휴가를 받다

完	필순 `丶 丷 宀 宁 宇 完`	☞ 동 끝나다
wán 완 완전할 완	完 完 完	• 完全 wánquán 전혀

간체자

迟	원리 : 形声字의 원리로 만듦 遲 ➡ 迟 ☞ 형 느리다 • 迟到 chídào 지각하다	필순 `丁 コ 尸 尺 尺 迟 迟` 迟 迟
chí 츠 더딜 지		

对	원리 : 편방을 단순화해서 만듦 對 ➡ 对 ☞ 동 맞다 • 对不起 duìbuqǐ 미안하다	필순 `フ 又 叉 对 对` 对 对
duì 뚜이 마주볼 대		

休 xiū 쉴 휴 씨우	필순 ノ イ 亻 亻 什 休 休 休 休 休	☞ 동 정지하다 • 休息 xiūxi 휴식하다
息 xī 숨쉴 식 씨	필순 ′ ′ 介 白 白 自 自 息 息 息 息 息 息	☞ 명 숨. 호흡 • 消息 xiāoxi 소식
信 xìn 믿을 신 씬	필순 ノ イ 亻 亻 广 伫 仨 信 信 信 信 信 信	☞ 명 편지 • 信封 xìnfēng 편지 봉투

| 消 xiāo 꺼질 소 / 쌰오 | 필순 ` ` ` ` ` ` ` 消 消 消 | 消 消 消 | ☞ 동 사라지다 명 소식. 편지
• 消息 xiāoxi 소식 |

| 遇 yù 만날 우 / 위 | 필순 ` 口 日 日 日 禺 禺 禺
禺 禺 遇 遇 | 遇 遇 遇 | ☞ 동 만나다
• 遇到 yù dào 만나다.
마주치다 |

| 搞 gǎo 할 고 / 까오 | 필순 一 十 扌 扩 护 护 搞
搞 | 搞 搞 搞 | ☞ 동 …하다
• 搞对象 gǎo duìxiàng
결혼 상대를 찾다 |

간체자

负 fù 짐질 부 / °푸

원리 : 편방의 간체자 활용

負 ➡ 负

☞ 동 중복하다
• 负责 fùzé 책임을 지다

필순 丿 ク ケ 免 负 负

负 负

责 zé 꾸짖을 책 / 쯔어

원리 : 편방의 간체자 활용

責 ➡ 责

☞ 명 책임
• 责任 zérèn 책임

필순 一 二 丰 韦 韦 青
青 责

责 责

增 zēng 쩡 더할 증	필순 一 十 十 圹 圹 圹 圹 圹 圹 堆 埐 増 増 増 増 増 増 増 増	☞ ⑧ 늘다 • 增加 zēngjiā 오르다
活 huó 훠 살 활	필순 丶 丶 氵 氵 汙 汗 汗 活 活 活 活 活	☞ ⑧ 살다 • 生活 shēnghuó 생활
寄 jì 찌 부칠 기	필순 丶 丶 宀 宀 宇 宊 宊 宊 宊 宊 寄 寄 寄 寄	☞ ⑧ 부치다 • 寄信 jì xìn 편지를 부치다

간체자

| 预 yù 위
미리 예 | 원리 : 편방의 간체자 활용

預 ➡ 预

☞ ⑨ 사전에
• 预习 yùxí 예습하다 | 필순 乛 マ ヌ 予 予 予
予 预 预 预

预 预 |
| 响 xiǎng 썅
소리 향 | 원리 : 形声字의 원리로 만듦

響 ➡ 响

☞ ⑧ 울리다
• 影响 yǐngxiǎng 영향을 주다 | 필순 丶 丨 冂 口 叮 叮
叽 响 响

响 响 |

破

pò 포어

깨질 파

필순 一 丆 丆 石 石 石' 矿 矿 砂 破

☞ 동 깨지다

• 破坏 pòhuài 파괴하다

求

qiú 치우

구할 구

필순 一 寸 寸 才 才 求 求

☞ 동 구하다

• 要求 yāoqiú 요구하다

剩

shèng 셩

남을 잉

필순 ノ 二 千 千 千 千 乖 乖 乖 乘 乘 剩

☞ 동 남다

• 剩下 shèngxia 남다

간체자

继

jì 찌

이을 계

원리 : 편방의 간체자 활용

繼 → 继

☞ 동 계속하다

• 继续 jìxù 계속하다

필순 纟 纟 纟 纟 纟 纟 纟 纟 纟 继

续

xù 쒸

이을 속

원리 : 편방의 간체자 활용

續 → 续

☞ 동 이어지다

• 手续 shǒuxù 수속, 절차

필순 纟 纟 纟 纟 纟 纟 纟 纟 纟 续 续

停 tíng 머무를 정　팅	필순　ノ イ イ´ 仁 仁 停 停 停 停 停 停 停 停 停	☞ 통 멈추다 • 雨停了 yǔ tíng le 비가 그쳤다
持 chí 잡을 지　츠	필순　一 十 才 才 扩 扩 持 持 持 持 持 持	☞ 통 쥐다 • 坚持 jiānchí 고수하다. 버티다
原 yuán 근본 원　위엔	필순　一 厂 厂 厂 厂 厉 厉 厉 原 原 原 原 原 原	☞ 형 최초의 • 原来 yuánlái 알고 보니

간체자

| 谅
liàng
믿을 량　량 | 원리 : 편방의 간체자 활용
諒 ➡ 谅
☞ 통 양해하다
• 原谅 yuánliàng 양해하다 | 필순　丶 讠 讠´ 讠´ 诗 谅
谅 谅
谅 谅 |
| 坚
jiān
굳을 견　지엔 | 원리 : 편방의 간체자 활용
堅 ➡ 坚
☞ 형 단단하다
• 坚决 jiānjué 단호하다 | 필순　丨 刂 刂 収 坚 坚
坚
坚 坚 |

用 **yòng** 융 쓸 용	**필순** ノ 几 月 月 用 用 用 用	☞ ⑧ 쓰다 • 用功 yòng gōng 열심히 공부하다 
建 **jiàn** 찌엔 세울 건	**필순** 一 ㇇ ㇌ ㇌ ㇌ 垂 建 建 建 建 建	☞ ⑧ 짓다 • 建议 jiànyì 건의하다. 제안하다
查 **chá** 차 조사할 사	**필순** 一 十 オ 木 木 杏 杏 杳 查 查 查 查	☞ ⑧ 조사하다 • 查词典 chá cídiǎn 사전을 찾다

간체자

| 检 **jiǎn** 지엔
교정할 검 | **원리** : 편방의 간체자 활용

檢 ➡ 检

☞ ⑧ 검사하다
• 检查 jiǎnchá 검사하다 | **필순** 一 十 オ 木 札 札 杦 枱 枱 检 检

检 检 |
| 设 **shè** 셔
베풀 설 | **원리** : 편방의 간체자 활용

設 ➡ 设

☞ ⑧ 차리다
• 设计 shèjì 설계하다 | **필순** 丶 亠 讠 讵 设 设

设 设 |

注

zhù 쥬

물댈 주

필순 丶 冫 氵 氵 氵 汁 注 注

注 注 注

☞ 동 쏟다. 붓다

• 注意 zhùyì 유념하다

租

zū 주

빌 조

필순 丿 二 千 千 禾 利 和 和 和 租

租 租 租

☞ 동 세내다

• 房租 fángzū 집세. 숙박료

간체자

联

lián 리엔

연할 련

원리 : 옛 글자 · 俗字로 대체

聯 → 联

☞ 동 연결하다

• 联系 liánxì 연락하다

필순 一 厂 丌 丌 月 耳 耳 耳' 耳'' 耻 联 联

联 联

认

rèn 런

알 인

원리 : 形声字의 원리로 만듦

認 → 认

☞ 동 식별하다

• 认识 rènshi 알다

필순 丶 讠 讠 认

认 认

识

shí 스

알 식

원리 : 편방의 간체자 활용

識 → 识

☞ 동 알아보다

• 知识 zhīshi 지식

필순 丶 讠 讠 讠 订 识 识

识 识

做 zuò 지을 주 쭤	필순 ノ 亻 亻 什 什 估 估 做 做 做 做	☞ ⑧ 하다 • 做客 zuò kè 손님이 되다
需 xū 구할 수 씌	필순 一 ナ ナ 币 币 雨 雨 雨 雺 雺 雺 需 需 需	☞ ⑧ 필요하다 • 需要 xūyào 필요하다
束 shù 묶을 속 슈	필순 一 ナ 市 市 申 束 束	☞ ⑧ 매다 • 结束 jiéshù 끝나다

간체자

| 结 jié 맺을 결 지에 | 원리 : 편방의 간체자 활용
結 ➤ 结
☞ ⑧ 묶다
• 结果 jiéguǒ 결실. 결과 | 필순 ㄴ ㄠ 纟 纟 纴 纴 纴 结 结 |
| 记 jì 적을 기 찌 | 원리 : 편방의 간체자 활용
記 ➤ 记
☞ ⑧ 기억하다
• 记号 jìhao 기호 | 필순 丶 讠 讠 记 记 |

	필순	﹑ 一 ㇐ 六 亣 交	
交 jiāo 사귈 교 쟈오		交 交 交	☞ 동 내다 • 交换 jiāohuàn 교환하다

	필순	﹑ ﹑ ﹖ ﹖ 氵 汸 汸 济 济 流	
流 liú 흐를 류 리우		流 流 流	☞ 동 흐르다 • 流利 liúlì 유창하다

간체자

装 zhuāng 꾸밀 장 좡

원리 : 옛 글자·俗字로 대체

裝 ➡ 装

☞ 동 담다
• 装置 zhuāngzhì 설치하다

필순 ﹑ ﹑ ﹑ 丬 壯 壯 壯 壯 芽 芽 芽 装 装

装 装

见 jiàn 볼 견 찌엔

원리 : 초서체를 해서화해서 만듦

見 ➡ 夗 ➡ 见

☞ 동 보다
• 见面 jiànmiàn 만나다

필순 丨 冂 贝 见

见 见

录 lù 적을 록 루

원리 : 특징이나 윤곽선으로 만듦

錄 ➡ 录

☞ 동 기록하다
• 录音机 lùyīnjī 녹음기

필순 ㄱ ㄱ 크 彐 寻 录 录 录

录 录

| 希 xī
바랄 희 | 씨 | 필순 ノ ㄨ ㄈ ㄹ 乎 希 希
希 希 希 | ☞ 동 희망하다
• 希望 xīwàng 바라다. 희망하다 |
| 望 wàng
볼 망 | 왕 | 필순 ` 一 亡 亡 亡 圽 圽 朢
朢 望 望
望 望 望 | ☞ 동 바라보다
• 失望 xīwàng 실망하다 |

간체자

准 zhǔn 법 준	준	원리 : 옛 글자·俗字로 대체 準 ➡ 准 ☞ 동 허락하다 • 准备 zhǔnbèi 준비하다	필순 ` 冫 冫 冫 冫 冫 冫 冫 准 准 准 准
扬 yáng 들 양	양	원리 : 편방의 간체자 활용 揚 ➡ 扬 ☞ 동 치켜들다 • 扬名 yáng míng 명성을 떨치다	필순 一 扌 扌 扪 扬 扬 扬 扬
调 diào, tiáo 따오, 탸오 고를 조		원리 : 편방의 간체자 활용 調 ➡ 调 ☞ 동 이동하다 • 调查 diàochá 조사하다	필순 ` 讠 讠 讥 讥 调 调 调 调 调 调 调

	필순	
短 duǎn 짧을 단 딴	ノ ノ ヒ 느 矢 矢 矢 知 知 知 短 短	☞ 웹 짧다 • 短期 duǎnqī 단기(일)
矮 ǎi 난장이 왜 아이	ノ ノ ヒ 느 矢 矢 矢 矢 矢 矮 矮 矮 矮	☞ 웹 작다 • 我个子矮 wǒ gèzi ǎi 난 키가 작다
冷 lěng 찰 랭 렁	丶 ノ ソ 冫 冫 冷 冷	☞ 웹 춥다 • 冷了 lěng le 추워졌다

간체자

贵 guì 귀할 귀 꾸이	원리 : 편방의 간체자 활용 貴 ➡ 贵 ☞ 웹 비싸다 • 您贵姓 nín guìxìng 성이 어떻게 되십니까?	필순 中 虫 虫 串 贵 贵 贵
远 yuǎn 멀 원 위엔	원리 : 옛 글자·俗字로 대체 遠 ➡ 远 ☞ 웹 멀다 • 永远 yǒngyuǎn 영원하다	필순 一 二 テ 元 元 远 远

| 急 | 필순 | ⟶ 휑 급하다 |
| jí 지 급할 급 | ノ ノ ⼁ ⼂ ⼃ ⼄ 急 急 急
急 急 急 | · 着急 zháojí 조급해하다 |

| 近 | 필순 | ⟶ 휑 가깝다 |
| jìn 찐 가까울 근 | ノ ア ┌ 斤 斤 近 近
近 近 近 | · 最近 zuìjìn 최근 |

| 快 | 필순 | ⟶ 휑 빠르다 |
| kuài 콰이 빠를 쾌 | ノ ノ ⼁ ⼂ 忄 快 快
快 快 快 | · 凉快 liángkuai 시원하다 |

간체자

원리 : 편방의 간체자 활용

淺 ➡ 浅

필순 ノ ⼂ ⼃ 氵 浅 浅
浅 浅

⟶ 휑 얕다
· 水很浅 shuǐ hěn qiǎn 물이 얕다

qiǎn 치엔 얕을 천

원리 : 초서체를 해서화해서 만듦

長 ➡ 长 ➡ 长

필순 ノ ⼂ 长 长
长 长

⟶ 휑 길다
· 长城 Chángchéng 만리장성

cháng, zhǎng 창, 장 길 장

| 慢
màn
느릴 만　만 | 필순　丶丶忄忄忄忄忄忄忄
忄忄忄忄慢慢

慢 慢 慢 | ☞ ⑱ 느리다
• 慢慢地 mànmàn de
　천천히 |

| 高
gāo
높을 고　까오 | 필순　丶一亠亠古古高高
高高

高 高 高 | ☞ ⑱ 높다. 크다
• 个子很高 gèzi hěn gāo
　키가 크다 |

| 深
shēn
깊을 심　션 | 필순　丶丶氵氵氵氵氵氵氵
氵深深

深 深 深 | ☞ ⑱ 깊다
• 水很深 shuǐ hěn shēn
　물이 깊다 |

| 坏
huài
무너뜨릴 괴　화이 | 원리 : 편방을 단순화해서 만듦

壞 ➡ 坏

☞ ⑱ 나쁘다
• 坏人 huàirén 나쁜 사람 | 필순　一十土圵坏坏
坏

坏 坏 |

| 兴
xìng
일어날 흥　씽 | 원리 : 옛 글자·俗字로 대체

興 ➡ 兴

☞ ⑲ 흥미
• 高兴 gāoxìng 기뻐하다 | 필순　丶丶丷丷兴兴

兴 兴 |

酸

suān 쏸

초 산

필순 一 丆 万 丙 两 西 酉 酉' 酉ㇴ 酉ㇴ 酉ㇴ 酉ㇴ 酸 酸

酸 酸 酸

☞ 형 시다

• 酸疼 suānténg 시큰시큰 쑤시고 아프다

凉

liáng 량

서늘할 량

필순 丶 冫 冫 冫 冫 冫 冫 冫 凉 凉

凉 凉 凉

☞ 형 차다

• 凉快 liángkuai 시원하다

差

chà 차

다를 차

필순 丶 丷 䒑 䒑 羊 羊 差 差 差

差 差 差

☞ 형 차이가 나다

• 差不多 chàbuduō 비슷하다

간체자

热

rè 르어

더울 열

원리 : 옛 글자 · 俗字로 대체

熱 → 热

☞ 형 뜨겁다

• 热闹 rènao 번화하다

필순 一 扌 扌 扎 执 执 执 热 热 热

热 热

轻

qīng 칭

가벼울 경

원리 : 편방의 간체자 활용

輕 → 轻

☞ 형 가볍다

• 年轻 niánqīng 젊다

필순 一 𠫓 车 车 轻 轻 轻 轻 轻

轻 轻

方 fāng 모 방 팡
필순: 丶 一 亠 方
方 方 方

☞ 몡 방법
• 方便 fāngbiàn 편리하다
• 方法 fāngfǎ 방법

净 jìng 깨끗할 정 징
필순: 丶 丶 氵 汋 浐 浐 净 净
净 净 净

☞ 혱 청결하다
• 干净 gānjìng 깨끗하다

重 zhòng 무거울 중 중
필순: 丿 一 千 千 台 台 台 重 重 重
重 重 重

☞ 혱 무겁다
• 重要 zhòngyào 중요하다

간체자

干 gān, gàn 줄기 간, 마를 건 깐

원리 : 발음이 같은 글자로 대체

幹 ➡ 干

☞ 혱 마르다
• 衣服干了 yīfu gān le 옷이 말랐다

필순: 一 二 干
干 干

乱 luàn 어지러울 란 란

원리 : 옛 글자·俗字로 대체

亂 ➡ 乱

☞ 혱 어수선하다
• 家里太乱了 jiā lǐ tài luàn le 집이 너무 어지럽다

필순: 丿 二 千 舌 乱
乱 乱

| 熟 | 필순 | `丶 一 亠 ㄎ 亯 亯 享`
 `享 孰 孰 孰 熟 熟 熟` | ☞ ⑱ 여물다. 익다
 • 饭熟了 fàn shú le 밥이 다 됐다 |

shú, shóu 슈, 셔우
 익을 숙

| 新 | 필순 | `丶 一 亠 ㄎ 立 立 辛 亲`
 `亲 亲 新 新 新` | ☞ ⑱ 새롭다
 • 新年 xīnnián 신년. 새해 |

xīn 씬
 새 신

| 久 | 필순 | `丿 ク 久` | ☞ ⑱ 오래다
 • 不久 bùjiǔ 오래지 않아 |

jiǔ 지우
 오랠 구

간체자

| 旧 | 원리 : 옛 글자·俗字로 대체
 舊 ➡ 旧
 ☞ ⑱ 낡다
 • 房子很旧 fángzi hěn jiù 방이 낡았다 | 필순 `丨 刂 刂 旧 旧` |

jiù 찌우
 옛적 구

| 错 | 원리 : 편방의 간체자 활용
 錯 ➡ 错
 ☞ ⑱ 틀리다
 • 不错 búcuò 좋다 | 필순 `丿 夂 乍 牛 车 钅 针`
 `钳 钳 针 错 错 错` |

cuò 춰
 그르칠 착

暖
nuǎn　더울 난　놘

필순 丨 刂 日 日 日 旷 旷 旷 旷 旷 旷 暭 暭 暖

暖 暖 暖

☞ 형 따뜻하다
• 暖和 nuǎnhuo 따뜻하다

和
hé, huo　화할 화　흐어

필순 ノ 二 千 禾 禾 禾 和 和

和 和 和

☞ 접 …와　형 온화하다
• 老师和学生
  lǎoshī hé xuésheng
  선생님과 학생

突
tū　갑작스러울 돌　투

필순 丶 宀 宀 宀 宀 空 空 突 突

突 突 突

☞ 부 돌연
• 突然 tūrán 갑자기

간체자

复
fù　돌아올 복　푸

원리 : 옛 글자·俗字로 대체

復 ➡ 复

☞ 동 거듭하다
• 复习 fùxí 복습하다

필순 ノ 仁 仁 乍 乍 旨 戶 复 复

复 复

杂
zá　섞일 잡　짜

원리 : 옛 글자·俗字로 대체

雜 ➡ 杂

☞ 형 복잡하다
• 复杂 fùzá 복잡하다

필순 ノ 九 九 杂 杂 杂

杂 杂

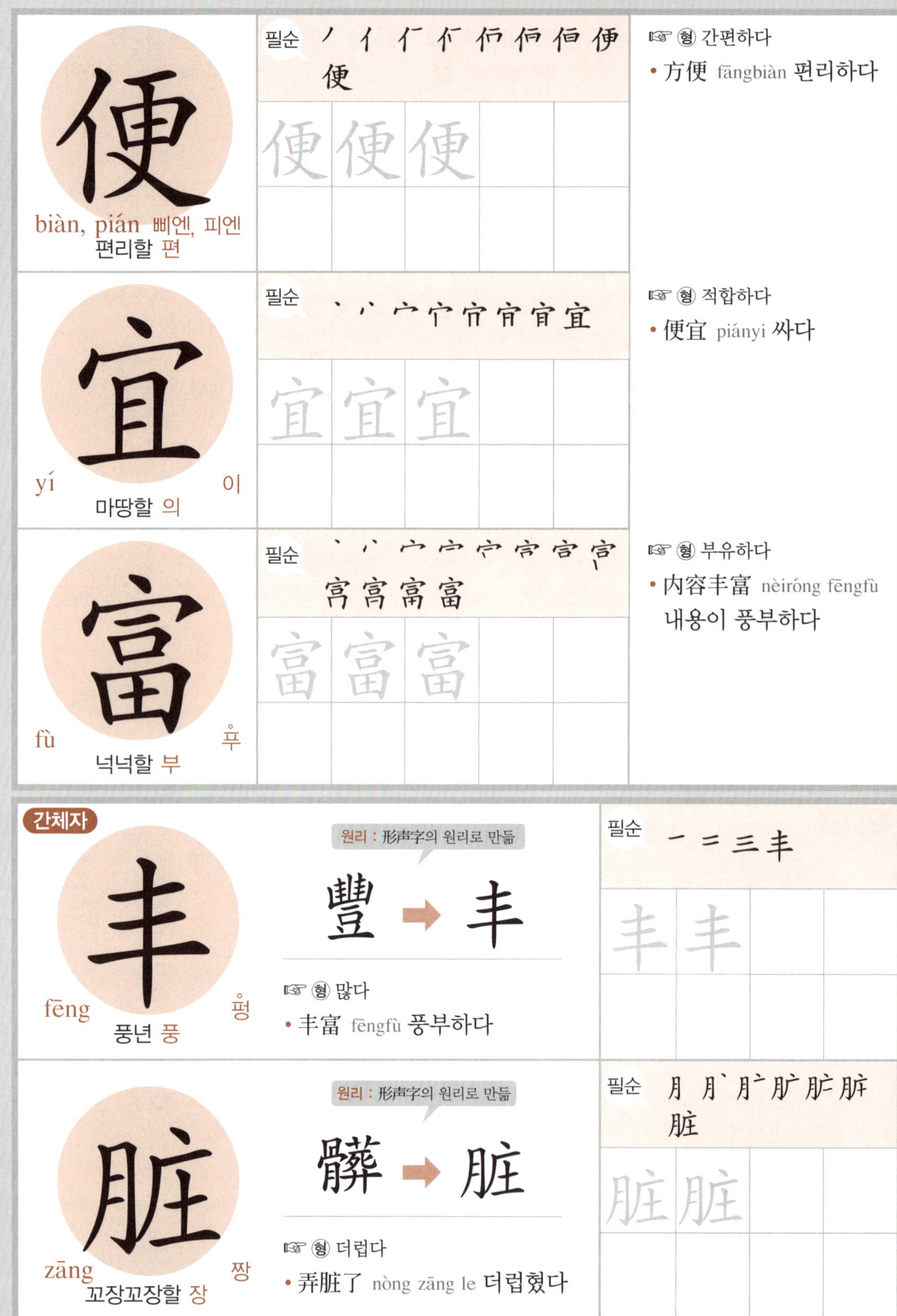

便 biàn, pián 삐엔, 피엔 편리할 **편**	필순　丿 亻 亻 𠂤 佰 佰 佰 便 　　　便	☞ 혱 간편하다 • 方便 fāngbiàn 편리하다
宜 yí　　　　이 마땅할 **의**	필순　丶 丷 宀 宀 宁 宜 宜 宜	☞ 혱 적합하다 • 便宜 piányi 싸다
富 fù　　　　푸 넉넉할 **부**	필순　丶 丷 宀 宀 宀 宁 宀 宀 　　　宝 宫 富 富	☞ 혱 부유하다 • 内容丰富 nèiróng fēngfù 　내용이 풍부하다

간체자

丰

fēng　　　펑
풍년 **풍**

원리 : 形声字의 원리로 만듦

豐 ➡ 丰

☞ 혱 많다
• 丰富 fēngfù 풍부하다

필순　一 二 三 丰

丰 丰

脏

zāng　　　짱
꼬장꼬장할 **장**

원리 : 形声字의 원리로 만듦

髒 ➡ 脏

☞ 혱 더럽다
• 弄脏了 nòng zāng le 더럽혔다

필순　月 月丶 月冫 庁 庁 脏
　　　脏

脏 脏

安

ān 안

편안할 안

필순 丶 宀 宀 它 安 安

安 安 安

☞ 형 안정하다

• 安排 ānpái 안배하다

静

jìng 징

조용할 정

필순 一 十 キ 主 丰 青 青 青 青' 青ケ 静 静 静 静

静 静 静

☞ 형 평온하다

• 安静 ānjìng 조용하다

漂

piào 퍄오

떠다닐 표

필순 丶 丶 氵 氵 氵 沪 沔 洒 洒 洒 漂 漂 漂 漂

漂 漂 漂

☞ 동 이리저리 떠다니다

• 漂亮 piàoliang 예쁘다

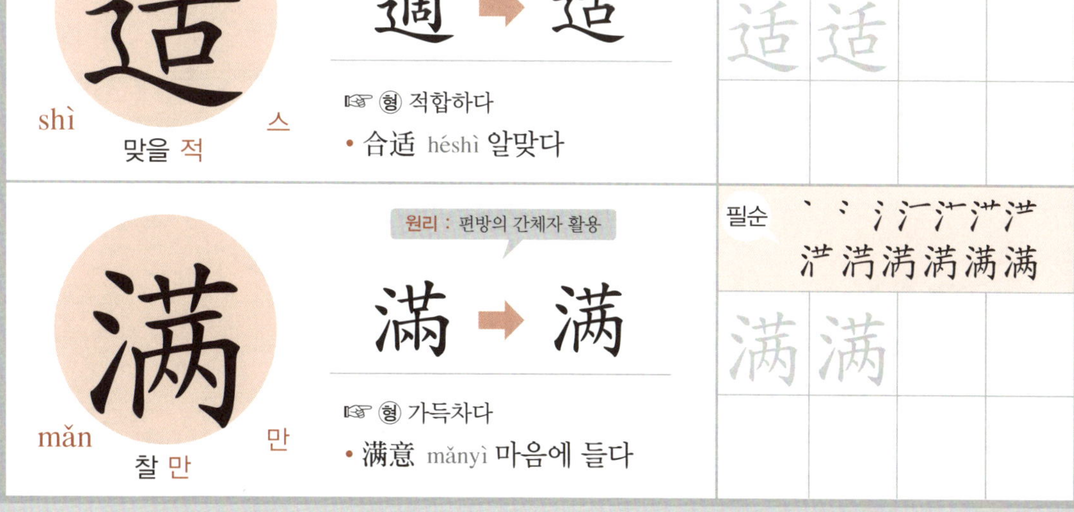

간체자

适

shì 스

맞을 적

원리 : 形声字의 원리로 만듦

適 → 适

☞ 형 적합하다

• 合适 héshì 알맞다

필순 丿 二 千 千 舌 舌 舌 话 适

适 适

满

mǎn 만

찰 만

원리 : 편방의 간체자 활용

滿 → 满

☞ 형 가득차다

• 满意 mǎnyì 마음에 들다

필순 丶 丶 氵 氵 汁 汁 洋 满 满 满 满 满

满 满

精
jīng　징
세밀할 정
필순 精精精精精精精精精精精精
精 精 精
☞ 형 순수하다
• 精彩 jīngcǎi 멋지다. 훌륭하다

彩
cǎi　차이
채색 채
필순 彩彩彩彩彩彩彩彩彩彩彩
彩 彩 彩
☞ 명 색채
• 彩色 cǎisè 칼라

累
lèi　레이
누끼칠 루
필순 累累累累累累累累累累累
累 累 累
☞ 형 피곤하다
• 累极了 lèi jí le 아주 피곤하다

간체자
緊
jǐn　진
단단할 긴
원리 : 편방의 간체자 활용
緊 ➡ 紧
☞ 형 팽팽하다
• 紧张 jǐnzhāng 긴장하다
필순 紧紧紧紧紧紧紧紧紧紧
紧 紧

张
zhāng　장
베풀 장
원리 : 편방의 간체자 활용
張 ➡ 张
☞ 동 벌이다 양 장
• 一张中国画 중국 그림 한 장
yì zhāng Zhōngguó huà
필순 张张张张张张张
张 张

| 永 | 필순 | `丶 亅 汀 永 永` | ☞ 형 오래다
• 永远 yǒngyuǎn 영원히 |
| 永 永 永 | | | |

永 yǒng 길 영 / 융

| 忙 | 필순 | `丶 丶 忄 忄 忙 忙` | ☞ 형 바쁘다
• 不太忙 bútài máng 별로 바쁘지 않다 |
| 忙 忙 忙 | | | |

忙 máng 바쁠 망 / 망

| 愉 | 필순 | `丶 丶 忄 忄 忄 愉 愉 愉` | ☞ 형 유쾌하다
• 愉快 yúkuài 즐겁다. 유쾌하다 |
| 愉 愉 愉 | | | |

愉 yú 기쁠 유 / 위

간체자

简 jiǎn 편지 간 / 지엔

원리 : 편방의 간체자 활용

簡 ➡ 简

☞ 형 간단하다
• 简体字 jiǎntǐzì 간체자

필순 `丿 丿 ⺈ ⺮ ⺮ 竹` 竹简

简 简

单 dān 홀로 단 / 딴

원리 : 옛 글자·俗字로 대체

單 ➡ 单

☞ 형 홑의
• 单人床 dānrénchuáng 일인용 침대

필순 `丶 丶 丷 丷 쓰 单` 单单

单 单

舒 shū 펼 서　슈	필순 ノ ノ ゝ ゝ 牟 舍 舒 舒 舒 舒 舒 舒 舒	☞ 동 펴다 • 舒服 shūfu 편안하다
麻 má 삼 마　마	필순 丶 一 广 床 麻 麻 麻 麻	☞ 동 얼얼하다 • 麻木 mámù 저리다
困 kùn 곤할 곤　쿤	필순 丨 冂 丩 困 困 困 困	☞ 형 곤란하다 • 困难 kùnnan 어려움

간체자

원리 : 옛 글자·俗字로 대체

難 ➡ 难

☞ 동 힘들다
• 难忘 nánwàng 잊기 어렵다

难 nán
어려울 난　난

필순 フ ヌ ヌ 刄 刄 刄 歺 歺 难 难
难 难

원리 : 편방의 간체자 활용

煩 ➡ 烦

☞ 형 답답하다
• 麻烦 máfan 폐. 귀찮다

烦 fán
번거로울 번　판

필순 丶 丶 ⼁ 火 火 灯 灯 灯 灯 烦 烦
烦 烦

| | 努 nǔ 힘쓸 노 / 누 | 필순: ㄥ ㄠ ㄨ ㄠ 奴 奴 努 努
努 努 努 | ☞ 동 힘쓰다
• 努力 nǔlì 노력하다 |

| | 力 lì 힘 력 / 리 | 필순: ㄱ 力
力 力 力 | ☞ 명 힘
• 力量 lìliang 힘 |

| | 情 qíng 인정 정 / 칭 | 필순: 丶 丶 忄 忄 忄 忄 情 情
情 情 情
情 情 情 | ☞ 명 감정. 정황
• 情况 qíngkuàng 상황 |

간체자

| | 确 què 정확할 확 / 취에 | 원리 : 옛 글자·俗字로 대체
確 ➡ 确
☞ 형 진실하다
• 正确 zhèngquè 정확하다 | 필순: 一 ㄱ 乃 石 石 石 矿 矿 矽 确 确 确
确 确 |

| | 实 shí 열매 실 / 스 | 원리 : 옛 글자·俗字로 대체
實 ➡ 实
☞ 형 충실하다
• 实现 shíxiàn 이룩하다 | 필순: 丶 丷 宀 宇 宇 宰
实 实
实 实 |

清
qīng　칭
맑을 청

필순　丶　氵　氵　氵　氵　汢　清
清清清

☞ 형 깨끗하다. 맑다
• 清楚 qīngchu 분명하다

楚
chǔ　추
쓰라릴 초(초나라 초)

필순　木　林　埜　梺　梺　梺　楚

☞ 형 분명하다
• 记不清楚 jì bu qīngchu
똑똑히 기억할 수 없다

容
róng　롱
받아들일 용

필순　丶　宀　宀　宀　容　容　容
容容

☞ 동 수용하다. 허용하다
• 内容 nèiróng 내용

易
yì　이
쉬울 이

필순　丶　冂　日　日　月　另　易　易

☞ 형 수월하다
• 容易 róngyì 쉽다

간체자
원리 : 편방의 간체자 활용
險 ➡ 险
xiǎn　씨엔
험할 험

필순　阝　阝　阝　险　险　险
险险险

☞ 명 위험
• 危险 wēixiǎn 위험하다

<table>
<tr><td>辛
xīn
매울 신   씬</td><td>필순   、 ㇐ ㇑ 亠 立 亠 辛
辛 辛 辛</td><td>☞ 형 고생스럽다
• 辛苦 xīnkǔ 고생하다</td></tr>
<tr><td>苦
kǔ
괴로울 고   쿠</td><td>필순   丶 十 卄 艹 艹 芊 苦
苦
苦 苦 苦</td><td>☞ 형 쓰다
• 味道苦 wèidao kǔ 맛이
쓰다</td></tr>
<tr><td>低
dī
낮을 저   디</td><td>필순   ノ 亻 亻 仟 仟 低 低
低 低 低</td><td>☞ 형 낮다
• 飞机飞得很低
fēijī fēi de hěn dī
비행기가 낮게 날다</td></tr>
<tr><td>整
zhěng
가지런할 정   정</td><td>필순   一 ㇕ 一 亘 申 東 束 剌
剌 敕 敕 敕 敕 整 整 整
整 整 整</td><td>☞ 형 완전하다
• 整齐 zhěngqí 가지런하
다</td></tr>
</table>

간체자

偉 ➡ 伟

원리 : 편방의 간체자 활용

필순   ノ 亻 亻 仁 任 伟

伟 伟

wěi
클 위   웨이

☞ 형 위대하다
• 伟大 wěidà 위대하다

切 qiè 치에
벨 절

필순 一 七 切切

☞ 형 부합되다
• 一切 yíqiè 일체

痛 tòng 통
아플 통

필순 丶 亠 广 广 疒 疒 疒 疒 病 病 病 痛

☞ 형 아프다
• 痛快 tòngkuài 통쾌하다

空 kōng, kòng 콩
하늘 공

필순 丶 丷 宀 宀 穴 空 空

☞ 형 텅비다
• 空调 kōngtiáo 에어컨
• 空儿 kòngr 시간. 틈

危 wēi 웨이
위태할 위

필순 ノ ク ク ア 产 危

☞ 형 위험하다
• 危险 wēixiǎn 위험하다

간체자

细 xì 씨
가늘 세

원리 : 편방의 간체자 활용

細 ➡ 细

필순 ㄥ ㄠ ㄠ 纟 纟 细 细

☞ 형 가늘다
• 细心 xìxīn 세심하다

幸 xìng 다행 행　씽	필순　一 十 土 士 去 击 壹 幸 幸　幸　幸	☞ 몡 행복 • 幸福 xìngfú 행복
福 fú 복 복　푸	필순　丶 フ ネ ネ ネ ネ 祁 袻 袻 袻 禍 福 福 福　福　福	☞ 몡 복 • 您发福了 nín fāfú le 신수가 훤해지셨습니다
特 tè 특별 특　트어	필순　丿 ㇄ 牛 牛 牛 牜 牸 特 特 特 特　特　特	☞ 혱 특이하다 • 特别 tèbié 특별하다
寒 hán 찰 한　한	필순　丶 丷 宀 宁 宁 宔 寍 寍 寍 寒 寒 寒 寒　寒　寒	☞ 혱 춥다 • 寒假 hánjià 겨울방학

간체자

齐
qí
가지런할 제　치

원리 : 옛 글자·俗字로 대체

齊 ➡ 齐

☞ 혱 고르다
• 一齐 yìqí 일제히. 동시에

필순　丶 亠 ナ 文 文 齐

齐　齐

把 bǎ 바
잡을 파

필순: 一 十 才 扐 扣 扣 把
把 把 把

☞ 전 …을
• 把衣服洗洗
bǎ yīfu xǐxi
옷을 좀 빨아라

被 bèi 뻬이
이불 피

필순: 丶 ﾆ ｹ ｵ ｵ 衤 衤 衤 袯 袯 被 被
被 被 被

☞ 전 …의해서
• 被偷了 bèi tōule
도둑 맞았다

往 wǎng 왕
옛 왕

필순: 丿 ｸ ｹ 彳 彳 彳 徃 往
往 往 往

☞ 전 …로
• 往前走 wǎng qián zǒu
앞으로 가다

간체자

从 cóng 종
따를 종

원리 : 옛 글자·俗字로 대체
從 ➡ 从

☞ 전 …로부터
• 从中国来了 cóng Zhōngguó lái le
중국에서 왔다

필순: 丿 人 从 从
从 从

当 dāng 땅
마땅할 당

원리 : 옛 글자·俗字로 대체
當 ➡ 当

☞ 전 …할 때
• 当…的时候 dāng…de shíhou
…할 때에

필순: 丨 丨 丷 屵 当 当
当 当

朝

chāo 차오

아침 조

필순 一 十 ㇐ 𠫓 𠫓 古 直 卓 卓 朝 朝 朝

朝 朝 朝

☞ 전 …로 향해서

- 朝前走 cháo qián zǒu
  앞으로 가다

向

xiàng 썅

향할 향

필순 ′ ⺊ 𠂉 向 向 向

向 向 向

☞ 전 …을 향하여

- 向前走 xiàng qián zǒu
  앞으로 가다

간체자

连

lián 리엔

이을 련

원리 : 편방의 간체자 활용

連 → 连

☞ 전 …조차도

- 连…也… lián…yě …조차도

필순 一 𠂉 𠂉 车 ˋ车 连 连

绿 绿

离

lí 리

떠날 리

원리 : 특징이나 윤곽선으로 만듦

離 → 离

☞ 전 …에서

- 离这儿很远 lí zhèr hěn yuǎn
  여기에서 멀다

필순 丶 亠 ㇐ 文 㐫 㐫 离 离 离 离

离 离

为

wèi 웨이

할 위

원리 : 옛 글자 · 俗字로 대체

爲 → 为

☞ 전 …을 위하여

- 为了 wèile …을 위하여
- 为什么 wèishénme 왜

필순 丶 ソ 为 为

为 为

必
bì　삐
반드시 필

필순　ノ 心 心 必 必
必 必 必

☞ (부) 꼭
• 不必 búbì …할 필요 없다

敢
gǎn　깐
감히 감

필순　一 丁 于 于 于 耳 耳 耳 耳 敢 敢 敢
敢 敢 敢

☞ (부) 대담하게
• 不敢当 bùgǎndāng 천만의 말씀입니다

够
gòu　꺼우
많을 구

필순　ノ ク ク 句 句 句 句 够 够 够 够
够 够 够

☞ (형) 충분하다
• 能够 nénggòu …할 수 있다

得
děi　데이
얻을 득

필순　ノ ク 彳 彳 彳 彳 彳 得 彳 得 得
得 得 得

☞ (조동) …해야 한다
• 非得 …하지 않으면 안 된다

간체자

须
xū　쒸
기다릴 수

원리 : 편방의 간체자 활용

須 ➡ 须

필순　ノ ク 彡 彡 彡 彡 须 须 须
须 须

☞ (조동) 반드시 …해야 한다
• 必须 bìxū 반드시 …해야 한다

要 yào 야오 구할 요	필순 一 ㄅ ㄅ 两 两 西 覀 要 要 要 要 要	☞ 조동 …하려고 하다 • 他要去 tā yào qù 그는 가려고 한다
可 kě 커 옳을 가	필순 一 ㄇ ㅁ ㅁ 可 可 可 可	☞ 조동 …할 만하다, …스럽다 • 可爱 kě'ài 사랑스럽다
以 yǐ 이 까닭 이	필순 ㇄ ㇄ 以 以 以 以 以	☞ 전 …로서 • 可以 kěyǐ …할 수 있다

간체자

应 yīng 잉 응당 응	원리 : 옛 글자·俗字로 대체 應 ➡ 应 ☞ 조동 당연히 …해야 한다 • 应该 yīnggāi 당연히 … 해야 한다	필순 丶 丶 广 广 应 应 应 应 应
该 gāi 까이 그 해(마땅할 해)	원리 : 편방의 간체자 활용 該 ➡ 该 ☞ 조동 …해야 한다 • 该走了 gāi zǒu le 가야 겠어요	필순 丶 讠 讠 讠 讠 该 该 该 该 该

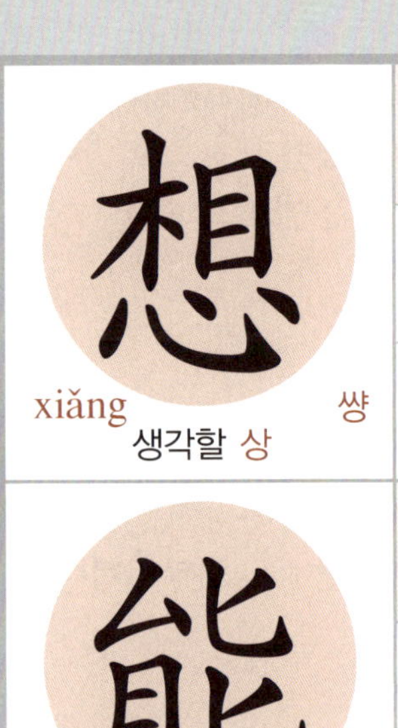

想

xiǎng 썅

생각할 상

필순 一 十 才 木 朩 机 相 相 相 相 想 想 想

想 想 想

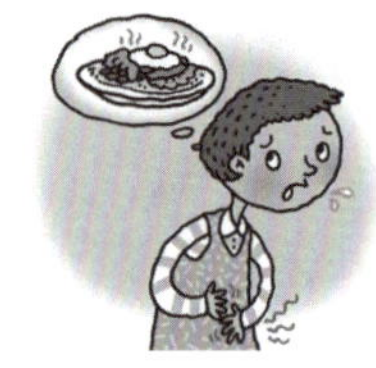

☞ 조동 …하고 싶다

• 想吃 xiǎng chī
먹고 싶다

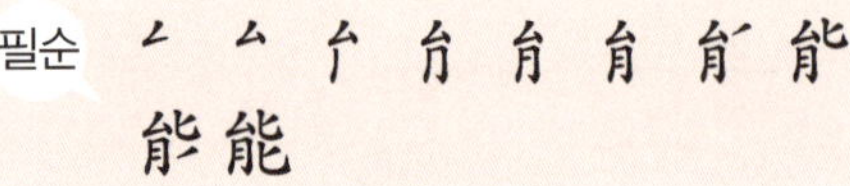

能

néng 넝

능할 능

필순 ㇀ 厶 㐫 台 育 育 育 𦚏 能 能

能 能 能

☞ 조동 …할 수 있다

• 能参加 néng cānjiā
참가할 수 있다

• 可能 kěnéng …할지도
모른다

意

yì 이

뜻 의

필순 丶 亠 亠 立 立 产 音 音 音 音 意 意 意

意 意 意

☞ 명 뜻

• 意见 yìjiàn 의견

• 意思 yìsi 의미, 뜻

간체자

愿

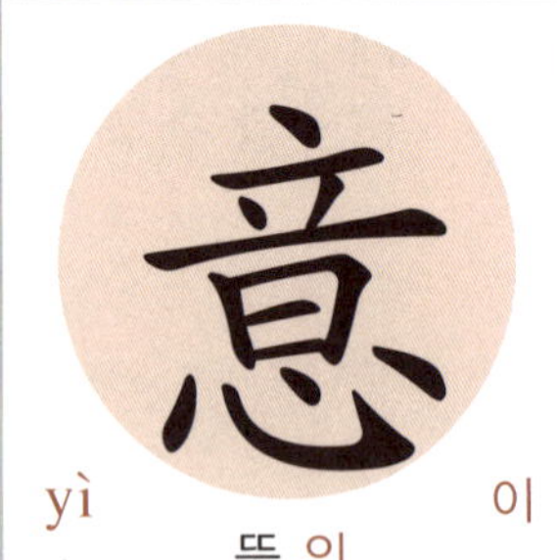

yuàn 위엔

원할 원

원리 : 발음이 같은 글자로 대체

願 ➡ 愿

☞ 명 바람

• 愿意 yuànyì 바라다, 원하다

필순 一 厂 厂 厈 原 原 原 原 原 愿 愿

愿 愿

会

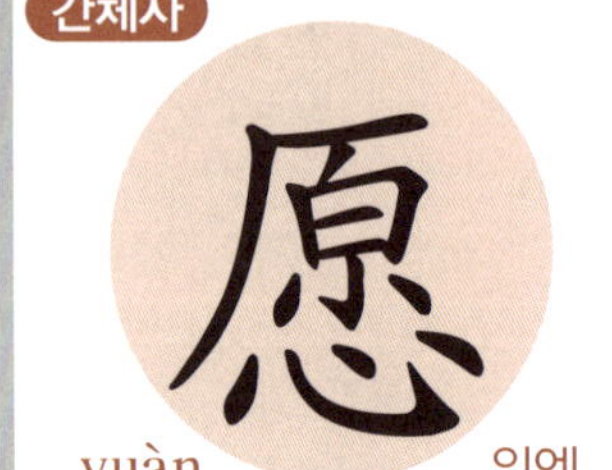

huì 후이

모을 회

원리 : 옛 글자·俗字로 대체

會 ➡ 会

☞ 조동 …할 줄 안다

• 会说汉语 huì shuō Hànyǔ
중국어를 할 줄 안다

필순 丿 人 亽 会 会 会

会 会

39. 양사

支

zhī 즈

지탱할 지

필순: 一 十 5 支

支 支 支

☞ 양 자루(가늘고 긴 물건을 세는 단위)

• 一支圆珠笔 yì zhī yuánzhūbǐ 볼펜 한 자루

座

zuò 쭤

자리 좌

필순: 丶 亠 广 广 庀 庂 広 应 座 座

座 座 座

☞ 양 산, 다리, 건축물을 세는 단위

• 一座山 yí zuò shān 산 하나

封

fēng °펑

봉할 봉

필순: 一 十 土 圭 圭 圭 圭 封 封

封 封 封

☞ 양 통, 꾸러미

• 一封信 yì fēng xìn 편지 한 통

件

jiàn 찌엔

가지 건

필순: 丿 亻 亻 仁 仵 件

件 件 件

☞ 양 벌

• 一件衣服 yí jiàn yīfu 옷 한 벌

간체자 只

zhǐ, zhī 즈

외짝 척

원리 : 발음이 같은 글자로 대체

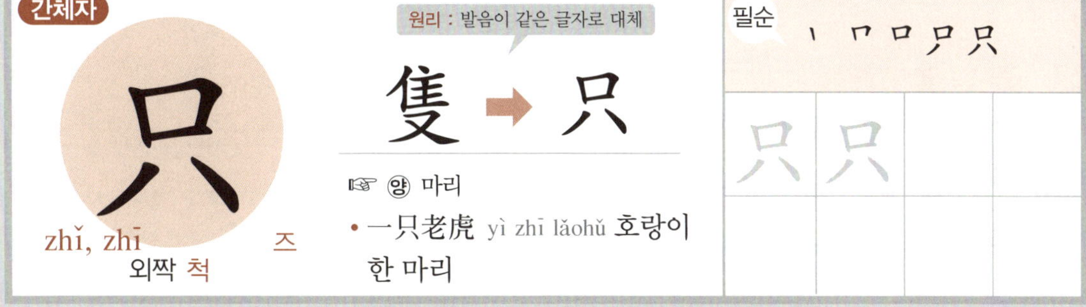

隻 → 只

☞ 양 마리

• 一只老虎 yì zhī lǎohǔ 호랑이 한 마리

필순: 丶 口 口 只 只

只 只

遍 biàn 삐엔
두루 편
필순: 、 ㇇ ㇌ 户 户 启 启 扁 扁 扁 遍 遍
遍 遍 遍

☞ 양 번
• 看了两遍 kànle liǎng biàn
두 번 봤다

次 cì 츠
차례 차
필순: 、 ㇀ 冫 氵 汋 次
次 次 次

☞ 양 번
• 第二次 dì yī cì 두 번 째

句 jù 쮜
귀절 구
필순: ノ 勹 勹 句 句
句 句 句

☞ 양 마디
• 一句汉语 yí jù Hànyǔ
중국어 한 마디

간체자

岁 suì 쑤이
해 세
원리 : 옛 글자·俗字로 대체
歲 ➡ 岁
필순: ㇀ 屮 山 屮 岁 岁
岁 岁

☞ 양 세. 살
• 十岁 shí suì 10살

个 gè 끄어
낱 개
원리 : 옛 글자·俗字로 대체
個 ➡ 个
필순: ノ 人 个
个 个

☞ 양 개
• 两个 liǎng ge 두 개

<table>
<tr><td>

篇

piān　피엔

책 편

</td><td>

필순　ノ ／ ⺮ ⺮ ⺮ ⺮ ⺮ ⺮
笄 笌 笪 笪 篃 篇 篇

篇　篇　篇

</td><td>

☞ **양** 편

• 一篇文章
yì piān wénzhāng
글 한 편

</td></tr>
<tr><td>

棵

kē　커

나무이름 과

</td><td>

필순　一 十 オ 木 术 杓 杓 相
桿 桿 桿 棵

棵　棵　棵

</td><td>

☞ **양** 그루

• 一棵树　yí kē shù 나무
한 그루

</td></tr>
<tr><td>

位

wèi　웨이

위치 위

</td><td>

필순　ノ イ イ イ 伫 位 位 位

位　位　位

</td><td>

☞ **양** 분(사람을 세는 단위)

• 一位客人　yí wèi kèren
손님 한 분

</td></tr>
<tr><td>

片

piàn　피엔

조각 편

</td><td>

필순　ノ ノ 丿 片 片

片　片　片

</td><td>

☞ **양** 조각으로 된 것에 쓰임

• 三片面包
sān piàn miànbāo
빵 세 조각

</td></tr>
</table>

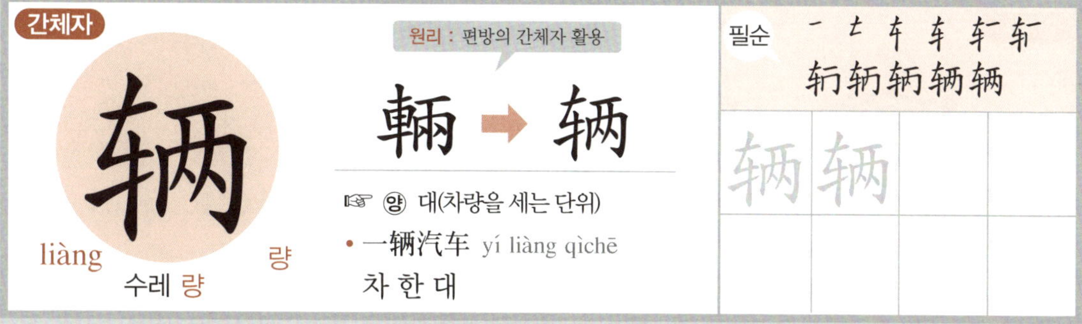

<table>
<tr><td>

간체자

辆

liàng　량

수레 량

</td><td>

원리 : 편방의 간체자 활용

輛 ➡ 辆

☞ **양** 대(차량을 세는 단위)

• 一辆汽车　yí liàng qìchē
차 한 대

</td><td>

필순　一 十 车 车 车 车 斩
斩 斩 辆 辆 辆

辆　辆

</td></tr>
</table>

角

jiǎo 쟈오

뿔 각

필순 丿 ⺈ ⺈ 角 角 角 角

角 角 角

☞ 양 전(화폐단위)

- 三角 sān jiǎo 30전

克

kè 커

이길 극

필순 一 十 𠇍 古 古 声 克

克 克 克

☞ 양 그램

- 500克 wǔ bǎi kè 500 그램

里

lǐ 리

마을 리

필순 丨 冂 日 日 甲 甲 里

里 里 里

☞ 명 리(500미터를 1리(里)로 함)

- 1 公里 yì gōnglǐ 1 킬로미터

些

xiē 씨에

적을 사

필순 丨 卜 止 止 止' 此 此 些

些 些 些

☞ 양 약간, 몇

- 这些 zhè xiē 이것들

层

간체자

céng 청

층층대 층

원리 : 초서체를 해서화해서 만듦

☞ 양 층

- 五层楼 wǔ céng lóu 5층 건물

필순 ㄱ ㅋ 尸 尸 层 层 层

层 层

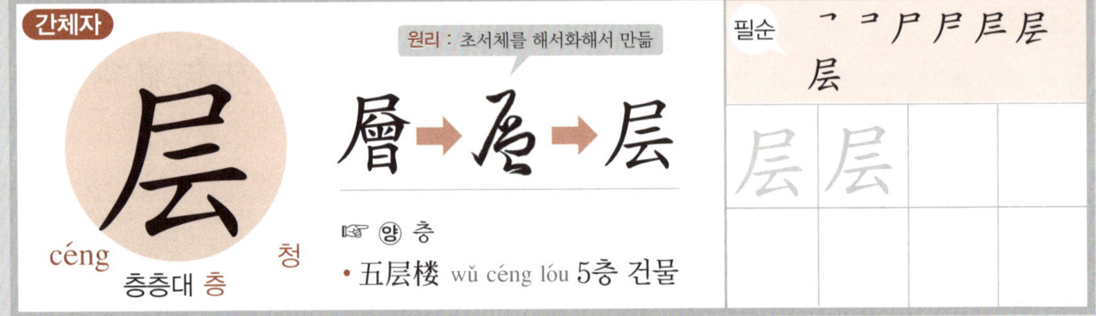

元 yuàn 위엔 / 으뜸 원

필순: 一 二 テ 元

☞ 양 원
- 一元钱 yī yuán qián 1원

毛 máo 마오 / 털 모

필순: 一 二 三 毛

☞ 양 전(화폐단위)
- 两毛 liǎng máo 20전

分 fēn °펀 / 나눌 분

필순: 丿 八 今 分

☞ 양 푼(화폐단위). 분(시간)
- 六点三十分 liù diǎn sānshí fēn 6시 30분
- 分钟 fēnzhōng 분간

顿 dùn 뚠 / 꾸벅거릴 돈

간체자

원리: 편방의 간체자 활용

頓 ➡ 顿

필순: 一 二 口 申 虻 虻 虻 虻 顿 顿

☞ 양 끼. 차례
- 一顿饭 yí dùn fàn 한 끼 식사

块 kuài 콰이 / 흙덩이 괴

원리: 形声字의 원리로 만듦

塊 ➡ 块

필순: 土 圢 圢 块 块

☞ 양 덩어리. 조각. 원(화폐단위)
- 一百块 yì bǎi kuài 100원

根 gēn 뿌리 근　껀	필순 一 十 才 木 术 杧 根 根 根 根 根 根 根	☞ 양 카락(머리카락처럼 가 　늘고 긴 것을 세는 단위) • 根本 gēnběn 근본. 기초 • 一根头发 yì gēn tóufa 　머리카락 한 가닥
斤 jīn 근 근　진	필순 ′ 厂 斥 斤 斤 斤 斤	☞ 양 근 • 一斤苹果 yì jīn píngguǒ 　사과 한 근
度 dù 법도 도　뚜	필순 ′ 宀 广 户 庐 序 庹 庹 度 度 度 度	☞ 양 도 • 30度 sānshí dù 30도

간체자

节
jié
마디 절　지에

원리 : 옛 글자 · 俗字로 대체

節 ➡ 节

☞ 양 마디
• 一节课 yì jié kè 1교시

필순 一 十 艹 艻 节

节 节

钱
qián
돈 전　치엔

원리 : 편방의 간체자 활용

錢 ➡ 钱

☞ 명 돈
• 多少钱? duōshao qián? 얼마
입니까?

필순 ノ ╱ ┢ ╘ 钅 钅
钅 钱 钱 钱

钱 钱

段 duàn / 뚠
고를 단

필순: ´ ⺀ ⺁ ⺁ ⺁ ⺁ ⺁ 段 段

段 段 段

☞ **양** 토막
- 五段 wǔ duàn 5토막

刻 kè / 커
새길 각

필순: 丶 ⼀ ⼆ ⼂ 亥 亥 亥 刻 刻

刻 刻 刻

☞ **양** 15분
- 一刻 yī kè 15분

倍 bèi / 뻬이
곱 배

필순: ノ イ イ イ 倍 倍 倍 倍 倍 倍

倍 倍 倍

☞ **양** 배
- 8是4的两倍
  bā shì sì de liǎng bèi
  8은 4의 두 배이다

간체자

场 chǎng, cháng / 창
마당 장

원리 : 편방의 간체자 활용

場 ➡ 场

☞ **양** 바탕. 번. 편
- 看一场电影 kàn yì chǎng diànyǐng 영화를 한 편 보다

필순: 一 十 圡 圬 场 场

场 场

双 shuāng / 슈앙
쌍 쌍

원리 : 옛 글자·俗字로 대체

雙 ➡ 双

☞ **양** 쌍. 켤레
- 一双袜子 yì shuāng wàzi
  양말 한 켤레

필순: フ ㄡ 双 双

双 双

瓶 píng　핑 병병	**필순** 丶 ヽ ゛ ⧵ ⧵ ⧵ 并 并 瓶 瓶瓶 瓶 瓶 瓶	☞ **양** 병 • 花瓶 꽃병
首 shǒu　셔우 머리 수	**필순** 丶 丷 ソ 午 产 产 首 首 首 首 首 首	☞ **양** 수(시, 노래 등) • 一首歌 yī shǒu ge 노래 한 곡
米 mǐ　미 쌀 미	**필순** 丶 丷 ソ 半 米 米 米 米 米	☞ **양** 미터 • 100米 yī bǎi mǐ 1000m

| **간체자** 声
shēng　성
소리 성 | **원리 :** 옛 글자・俗字로 대체
聲 ➡ 声
☞ **양** 마디. 번
• 响了好几声 xiǎngle hǎo jǐ shēng
여러 번 울렸다 | **필순** 一 十 士 吉 吉 吉
声
声 声 |
| 种
zhǒng　중
종류 종 | **원리 :** 形声字의 원리로 만듦
種 ➡ 种
☞ **양** 종. 종류
• 各种 gèzhǒng 각종 | **필순** 丿 二 千 禾 禾 禾
和 和 种
种 种 |

40. 부사

非

fēi 페이

아닐 비

필순 丨 丨 𠃌 丬 非 非 非 非

☞ 명 과실 동 …이 아니다

• 非常 fēicháng 몹시. 매우

常

cháng 창

항상 상

필순 常 常 常

☞ 부 늘

• 常常 chángcháng 항상

更

gèng 껑

고칠 경

필순 更 更

☞ 부 더

• 更漂亮 gèng piàoliang 더 예쁘다

很

hěn 헌

말듣지 않을 흔

필순 很

☞ 부 매우

• 很久 hěn jiǔ 아주 오래다

간체자

刚

gāng 깡

굳셀 강

원리 : 편방의 간체자 활용

剛 → 刚

☞ 부 막

• 刚才 gāngcái 조금 전. 방금

• 刚刚 gānggāng 막

필순 丨 冂 冈 冈 刚 刚

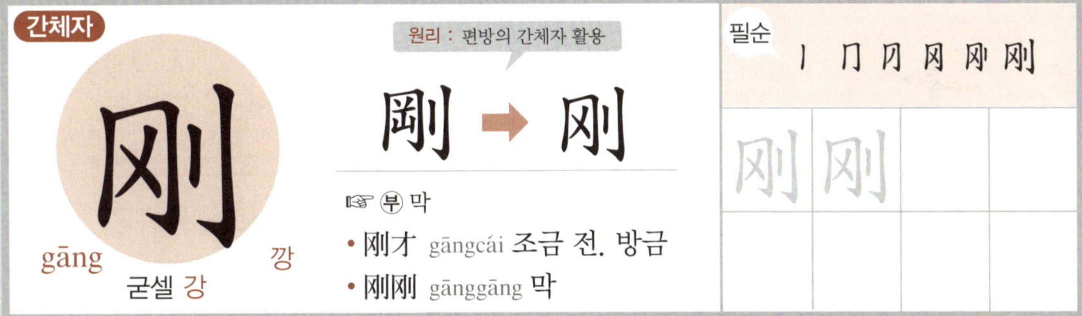

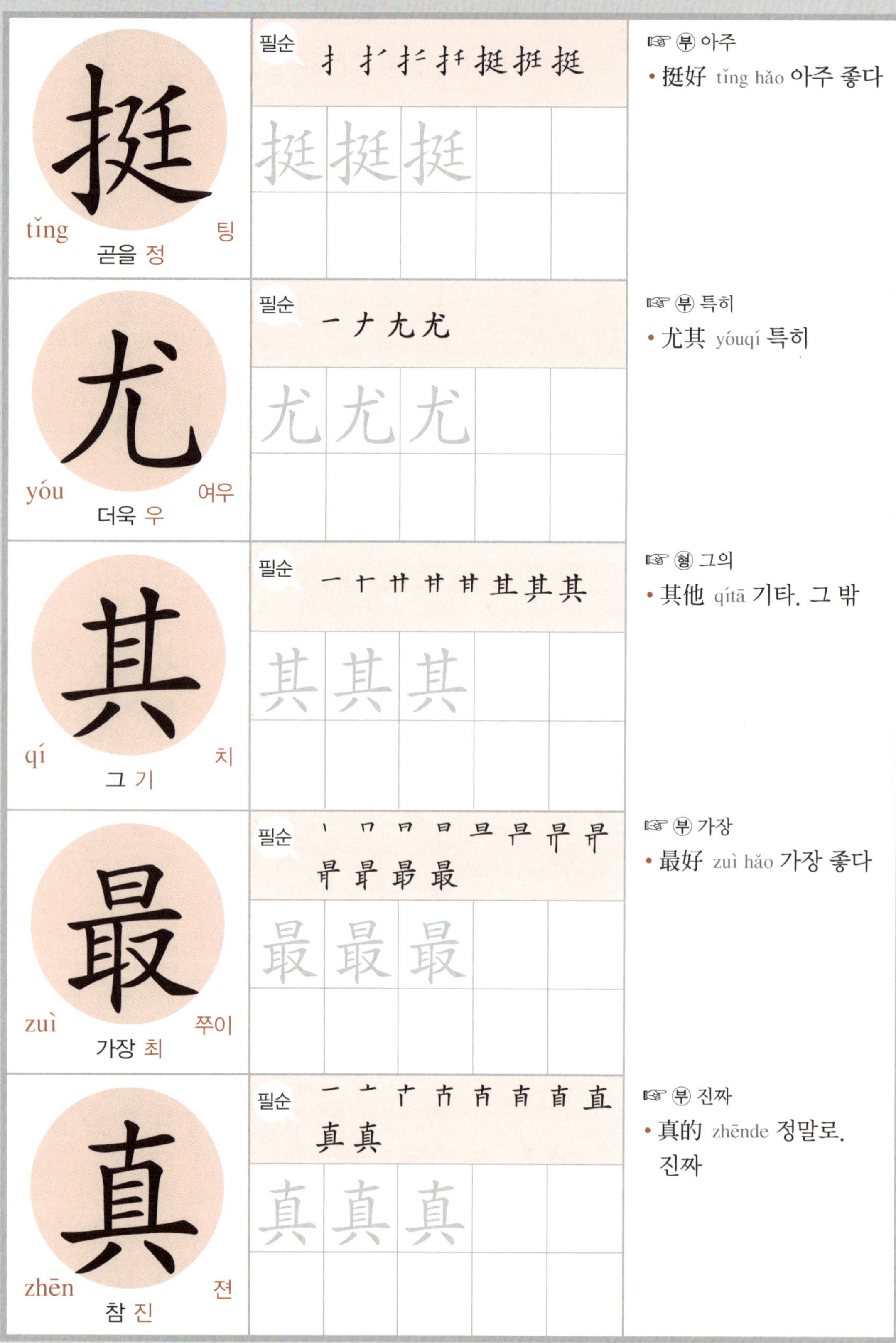

挺 tǐng 곧을 정 / 팅

필순: 扌 扌 扩 扩 扙 挺 挺 挺

挺 挺 挺

☞ (부) 아주
• 挺好 tǐng hǎo 아주 좋다

尤 yóu 더욱 우 / 여우

필순: 一 ナ 尤 尤

尤 尤 尤

☞ (부) 특히
• 尤其 yóuqí 특히

其 qí 그 기 / 치

필순: 一 十 艹 苷 甘 其 其 其

其 其 其

☞ (형) 그의
• 其他 qítā 기타. 그 밖

最 zuì 가장 최 / 쭈이

필순: 丶 冂 冃 日 旦 昰 朂 朂 朂 朂 最 最

最 最 最

☞ (부) 가장
• 最好 zuì hǎo 가장 좋다

真 zhēn 참 진 / 젼

필순: 一 亠 广 古 古 盲 眞 直 真 真

真 真 真

☞ (부) 진짜
• 真的 zhēnde 정말로. 진짜

156

都

dōu 떠우

도읍 도

필순 一 十 土 耂 耂 者 者 者 者⻏ 都

☞ 부 모두

• 都来了 dōu lái le 모두 왔다

好

hǎo 하오

좋을 호

필순 ㄑ 女 女 女⁷ 好 好

☞ 부 아주

• 好冷 hǎo lěng 아주 춥다
• 好漂亮 hǎo piàoliang 아주 예쁘다

别

bié 비에

다를 별

필순 丨 冂 口 另 另 别 别

☞ 부 …하지 마라

• 别哭 bié kū 울지 마라

定

dìng 띵

정할 정

필순 丶 丶 宀 宀 宁 宁 定 定

☞ 부 꼭

• 一定 yídìng 반드시

간체자 才

cái 차이

재주 재

원리 : 옛 글자 · 俗字로 대체

纔 → 才

☞ 부 겨우

• 刚才 gāngcái 방금

필순 一 十 才

| 没 méi 메이 빠질 몰 | 필순 `丶丶冫汈汈汐没`

 没 没 没 | ☞ 𝐛 …하지 않았다
 • 没关系 méi guānxi
 괜찮다 |

| 不 bù 뿌 아니 불 | 필순 `一丆不不`

 不 不 不 | ☞ 𝐛 …아니다
 • 不好看 bu hǎokàn 예쁘
 지 않다
 • 看不见 kàn bu jiàn 보이
 지 않는다 |

| 又 yòu 여우 또 우 | 필순 `フ又`

 又 又 又 | ☞ 𝐛 또
 • 又好看又便宜 <br> yòu hǎokàn yòu piányi
 예쁘기도 하고 싸기도
 하다 |

| 再 zài 짜이 두번 재 | 필순 `一丆冂冋再再`

 再 再 再 | ☞ 𝐛 다시
 • 再见 zàijiàn 또 만나자.
 안녕히 계십시오 |

간체자

| 总 zǒng 종 합할 총 | 원리 : 옛 글자·俗字로 대체

 總 ➡ 总

 ☞ 𝐛 언제나
 • 总是 zǒngshì 늘 | 필순 `丶丶丷丷总总总`

 总 总 |

立	필순	丶 一 二 六 立	☞ 🈁 곧

立刻 lìkè 즉각. 곧. 당장

立
lì 리
설 립

概概概

필순 一 十 才 木 木 枦 杚 杚 柸 枏 枏 椾 概概

☞ 🈁 일체
大概 dàgài 아마

概
gài 까이
대강 개

필순 一 丁 下 正 正

☞ 🈁 마침
正好 zhèng hǎo 알맞다. 마침. 때마침

正
zhèng 정
바를 정

필순 一 丆 互 互

☞ 🈁 서로
互相 hùxiāng 서로

互
hù 후
서로 호

간체자

원리 : 편방의 간체자 활용

필순 一 十 车 车 轩 轩 轩 轩 轹 较

较较

较
jiào 쨔오
비교할 교

☞ 🈁 좀. 비교적
比较 bǐjiào 비교적. 약간

忽 hū 깜짝할 홀 / 후

필순: ノ ク 勺 勿 匆 匆 忽 忽

☞ ㈜ 갑자기
- 忽然 hūrán 갑자기

也 yě 어조사 야 / 이에

필순: フ 切 也

☞ ㈜ …도
- 不冷也不热 bù lěng yě bú rè 춥지도 덥지도 않다

就 jiù 이룰 취 / 찌우

필순: 丶 一 宀 亠 古 亨 京 京 京 就 就 就

☞ ㈜ 바로. 곧
- 这就来 zhè jiù lái 곧 갈게

全 quán 온전할 전 / 취엔

필순: ノ 人 仐 今 仐 全

☞ ㈜ 전부
- 完全 wánquán 전혀

원리 : 편방의 간체자 활용

許 ➡ 许

许 xǔ 허락할 허 / 쒸

필순: 丶 讠 讠 许 许 许

☞ ㈜ 혹시
- 也许 yěxǔ 아마. 혹시

<table>
<tr><td>

已

yǐ 이

그칠 이</td><td>

필순　 フ コ 已

已 已 已</td><td>

☞ ⑤ 이미
* 已经 yǐjīng 이미. 벌써</td></tr>

<tr><td>

直

zhí 즈

곧을 직</td><td>

필순　一 十 广 古 古 直 直 直

直 直 直</td><td>

☞ ⑤ 곧장
* 一直 yìzhí 곧장</td></tr>

<tr><td>

但

dàn 딴

다만 단</td><td>

필순　丿 亻 个 们 但 但 但

但 但 但</td><td>

☞ ⑤ 단지
* 但是 dànshì 그러나</td></tr>
</table>

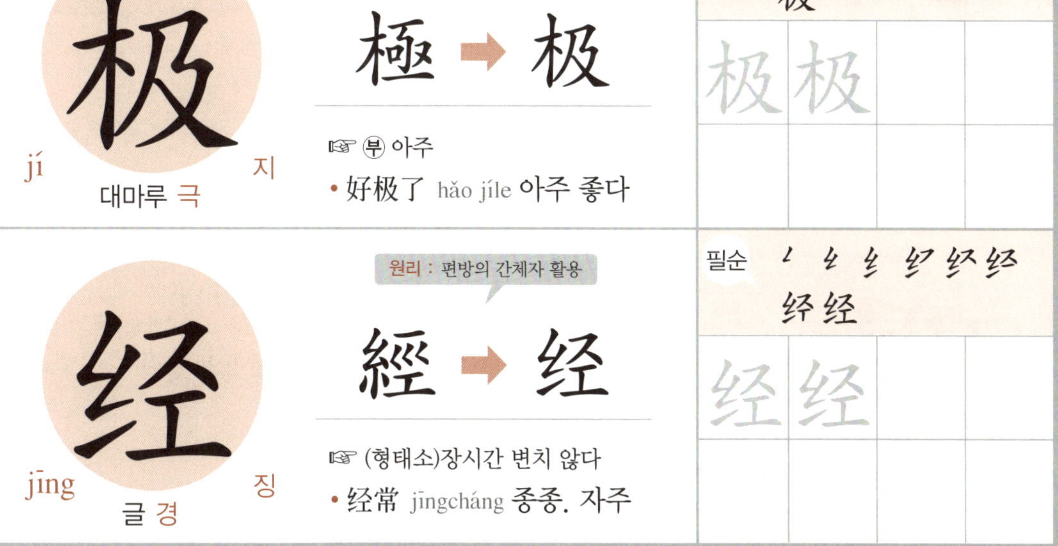

<table>
<tr><td>

간체자

极

jí 지

대마루 극</td><td>

원리 : 形声字의 원리로 만듦

極 ➡ 极

☞ ⑤ 아주
* 好极了 hǎo jíle 아주 좋다</td><td>

필순　一 十 才 木 朾 极 极

极 极</td></tr>

<tr><td>

经

jīng 징

글 경</td><td>

원리 : 편방의 간체자 활용

經 ➡ 经

☞ (형태소)장시간 변치 않다
* 经常 jīngcháng 종종. 자주</td><td>

필순　丿 乡 纟 纟 纟 经 经 经

经 经</td></tr>
</table>

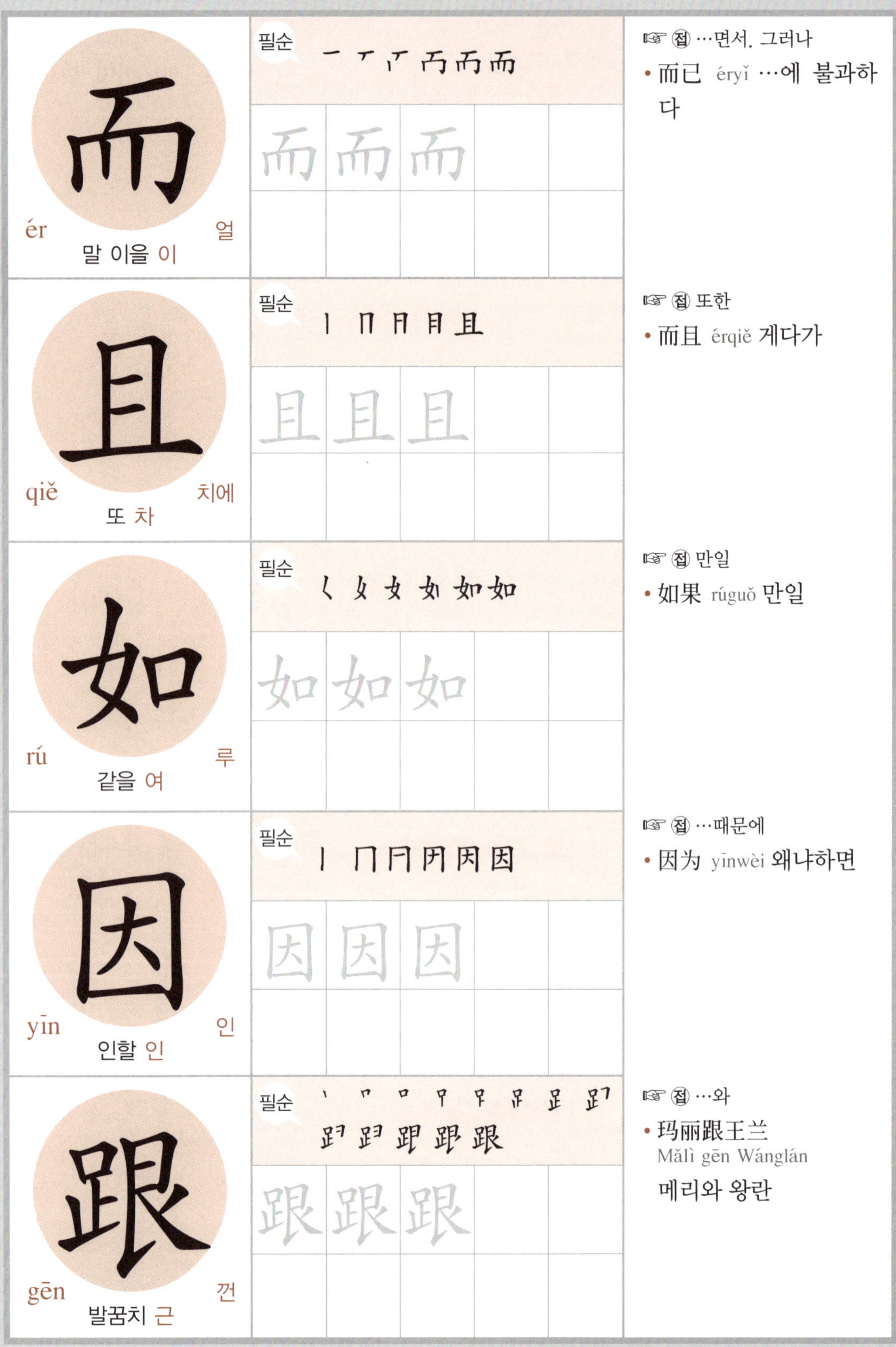

	필순	
而 ér 말 이을 이　얼	一 丆 丆 而 而 而 而 而 而	☞ 접 …면서. 그러나 • 而已 éryǐ …에 불과하다
且 qiě 또 차　치에	丨 冂 冃 且 且 且 且 且	☞ 접 또한 • 而且 érqiě 게다가
如 rú 같을 여　루	乀 夂 女 如 如 如 如 如 如	☞ 접 만일 • 如果 rúguǒ 만일
因 yīn 인할 인　인	丨 冂 冂 因 因 因 因 因 因	☞ 접 …때문에 • 因为 yīnwèi 왜냐하면
跟 gēn 발꿈치 근　껀	丶 ⼞ ⼞ 𧾷 𧾷 𧾷 𧾷 跟 跟 跟 跟 跟 跟 跟 跟 跟	☞ 접 …와 • 玛丽跟王兰 Mǎlì gēn Wánglán 메리와 왕란

然 rán 그럴 연 란	필순 ノ タ タ タ 多 然 然 然 然 然 然	☞ 접 그러나 • 然后 ránhòu 그런 다음. 그리고 나서
除 chú 버릴 제 추	필순 ３ ３ ３ ３ ３ ３ ３ 除 除	☞ 동 제외하다 • 除了 chúle …외에
或 huò 아마 혹 훠	필순 一 一 一 一 一 或 或 或	☞ 접 또는 • 或者 huòzhě 혹은
者 zhě 놈 자 져	필순 一 十 土 少 者 者 者 者	☞ 조 자. 것 • 或者 huòzhě 또는. 혹은

간체자

원리 : 특징이나 윤곽선으로 만듦

| 虽 suī
비록 수 쑤이 | 필순 丨 冂 冂 冋 吕 吕
吊 虽 虽 | ☞ 접 비록
• 虽然 suīrán 비록 |

42. 조사 · 감탄사 · 접두사

的

de 더

과녁 적

필순 ノ 亻 白 白 白 白' 的 的

的 的 的

☞ ㊅ …의, …는

- 他的书 tā de shū 그의 책
- 别的 biéde 다른 것

地

de, dì 더, 띠

땅 지

필순 一 十 土 坎 坳 地

地 地 地

☞ ㊅ …하게, …히

- 地方 dìfang 곳
- 慢慢地 mànmānde 천천히

得

de 더

얻을 득

필순 ノ 彳 彳 彳 彳 彳 彳 彳 彳 得 得

得 得 得

☞ ㊅ 구조조사

- 说得很好 shuō de hěn hǎo 말을 잘 한다

着

zhe, zháo 져, 자오

부딪칠 저

필순 丶 丷 䒑 䒑 兰 羊 羊 着 着 着 着

着 着 着

☞ ㊅ …하고 있다, …하면서

- 走着去 zǒuzhe qù 걸어서 가다

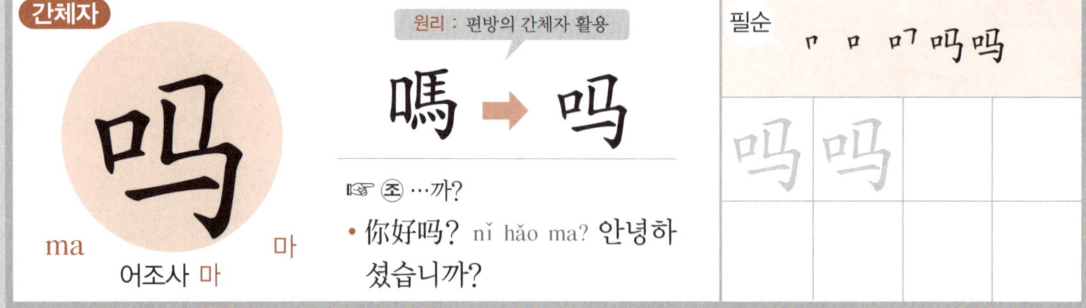

간체자

吗

ma 마

어조사 마

원리 : 편방의 간체자 활용

嗎 → 吗

☞ ㊅ …까?

- 你好吗? nǐ hǎo ma? 안녕하셨습니까?

필순 口 口 口 吗 吗

吗 吗

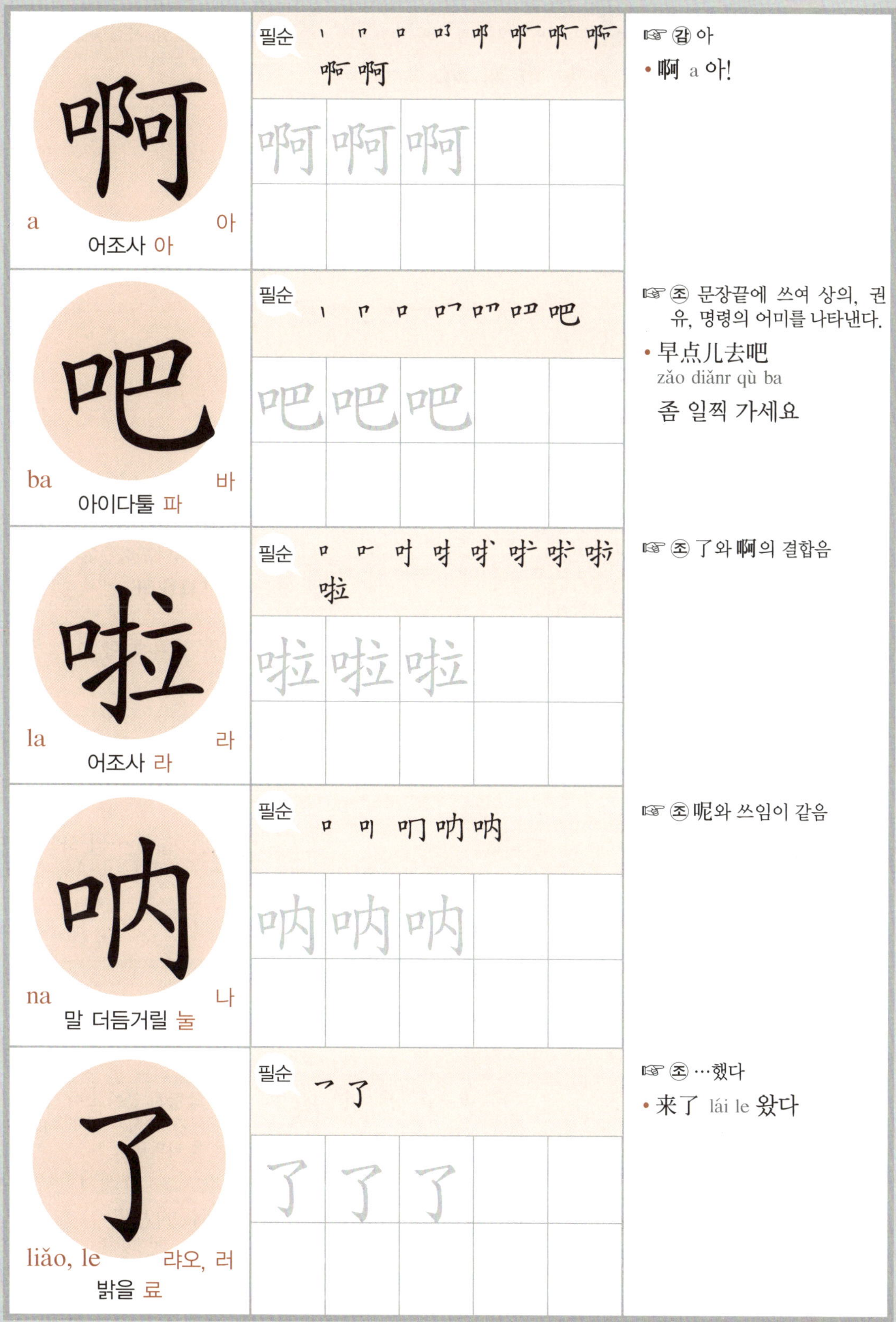

啊 a　아 어조사 **아**	필순 ⟍ ⟩ 口 叮 叮 啊 啊 啊 啊 啊 啊 啊 啊	☞ ㉦ 아 • 啊 a 아!
吧 ba　바 아이다툴 **파**	필순 ⟍ ⟩ 口 叮 叮 叮 吧 吧 吧 吧	☞ ㉙ 문장끝에 쓰여 상의, 권 　유, 명령의 어미를 나타낸다. • 早点儿去吧 　zǎo diǎnr qù ba 　좀 일찍 가세요
啦 la　라 어조사 **라**	필순 口 口 叶 呀 呀 呀 呀 啦 啦 啦 啦 啦	☞ ㉙ 了와 啊의 결합음
呐 na　나 말 더듬거릴 **눌**	필순 口 叮 叮 呐 呐 呐 呐 呐	☞ ㉙ 呢와 쓰임이 같음
了 liǎo, le　랴오, 러 밝을 **료**	필순 ⟋ 了 了 了 了	☞ ㉙ …했다 • 来了 lái le 왔다

嘛	필순	口 口` 口ˊ 吖 吖 唭 唭 嘛 嘛 嘛 嘛	☞ 蜀 뚜렷한 사실을 강조할 때 쓰임
ma 마 중마		嘛 嘛 嘛	
呢	필순	` 丨 冂 口 口ˊ 口ˊ 呎 呢 呢	☞ 蜀 …는 • 你呢? ni ne? 너는?
ne 너 소근거릴 니		呢 呢 呢	
呀	필순	` 丨 冂 口 口ˊ 吖 呀 呀	☞ 蜀 啊음이 변하여 된 어조사 • 跑得真快呀 pǎo de zhēn kuài ya 정말 빨리 뛴다
yā 야 입벌릴 하		呀 呀 呀	
之	필순	丶 ˊ 之	☞ 蜀 …의 • 之间 zhījiān …의 사이
zhī 즈 갈 지		之 之 之	
所	필순	ˊ 厂 厃 戶 戶 所 所 所	☞ 蜀 관형어로 된 주술구조의 동사 앞에 쓰여 중심어가 수사자(受事者)임을 나타냄. • 所以 suǒyǐ 그래서 • 他所提的意见 tā suǒ tí de yìjiàn 그가 제기한 의견
suǒ 쒀 곳 소		所 所 所	

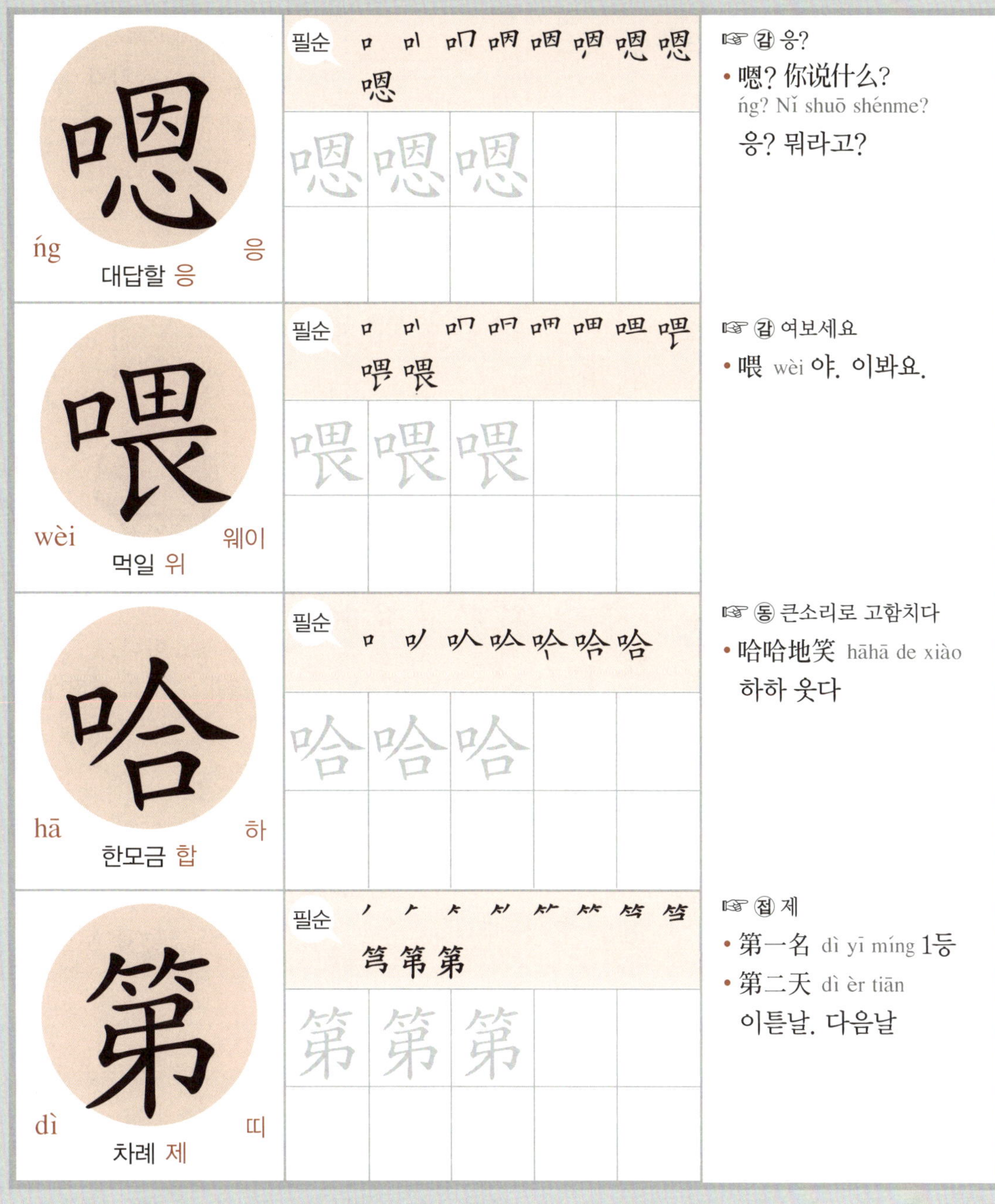

嗯
ńg
대답할 응
응
필순 口 叮 叮 咽 咽 咽 嗯 嗯 嗯
嗯 嗯 嗯
☞ 갑 응?
• 嗯? 你说什么?
ńg? Nǐ shuō shénme?
응? 뭐라고?

喂
wèi
먹일 위
웨이
필순 口 叮 叮 叨 叩 叩 喂 喂 喂 喂
喂 喂 喂
☞ 갑 여보세요
• 喂 wèi 야. 이봐요.

哈
hā
한모금 합
하
필순 口 叮 叭 哈 哈 哈 哈
哈 哈 哈
☞ 동 큰소리로 고함치다
• 哈哈地笑 hāhā de xiào
하하 웃다

第
dì
차례 제
띠
필순 丿 丿 𠂉 𠂉 𥫗 𥫗 𥫗 笃 笃
笃 第 第
第 第 第
☞ 접 제
• 第一名 dì yī míng 1등
• 第二天 dì èr tiān
이튿날. 다음날

43. 접미사 …子

子
zi 쯔
아들 자

필순 ㇇ 了 子

☞ 접미 명사 뒤에 붙음
• 筷子 kuàizi 젓가락

帽
mào 마오
건 모

필순 ㅣ 冂 巾 巾ㄇ 巾冃 帀冃 帽 帽 帽 帽 帽

☞ 명 모자
• 帽子 màozi 모자

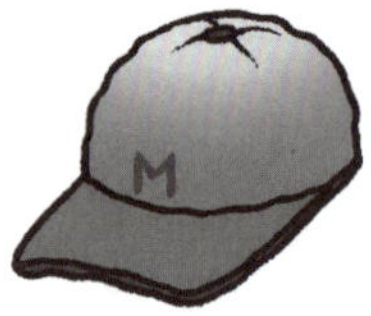

孩
hái 하이
어린아이 해

필순 ㇇ 了 子 子丶 孑亠 孑亡 孩 孩 孩

☞ 명 애
• 孩子 háizi 아이
• 小孩儿 xiǎoháir 어린애

本
běn 번
뿌리 본

필순 一 十 才 木 本

☞ 명 책, 서적
• 本子 běnzi 공책, 노트

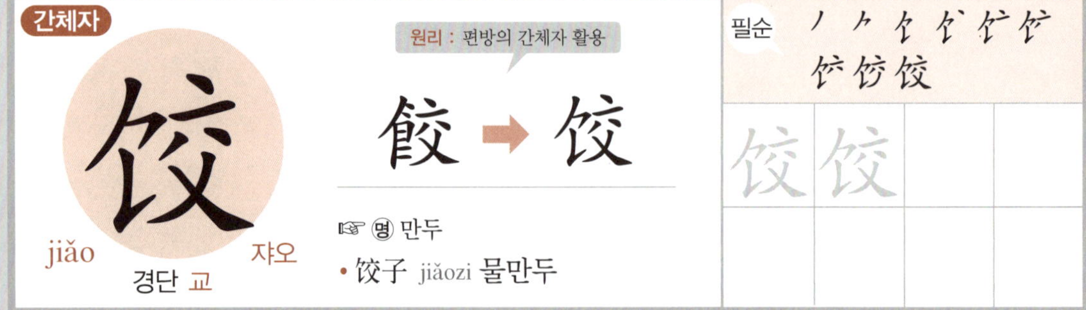

간체자

饺
jiǎo 쟈오
경단 교

원리 : 편방의 간체자 활용

餃 → 饺

☞ 명 만두
• 饺子 jiǎozi 물만두

필순 ノ ㇀ 饣 饣丶 饣亠 饣六 饣交 饺 饺

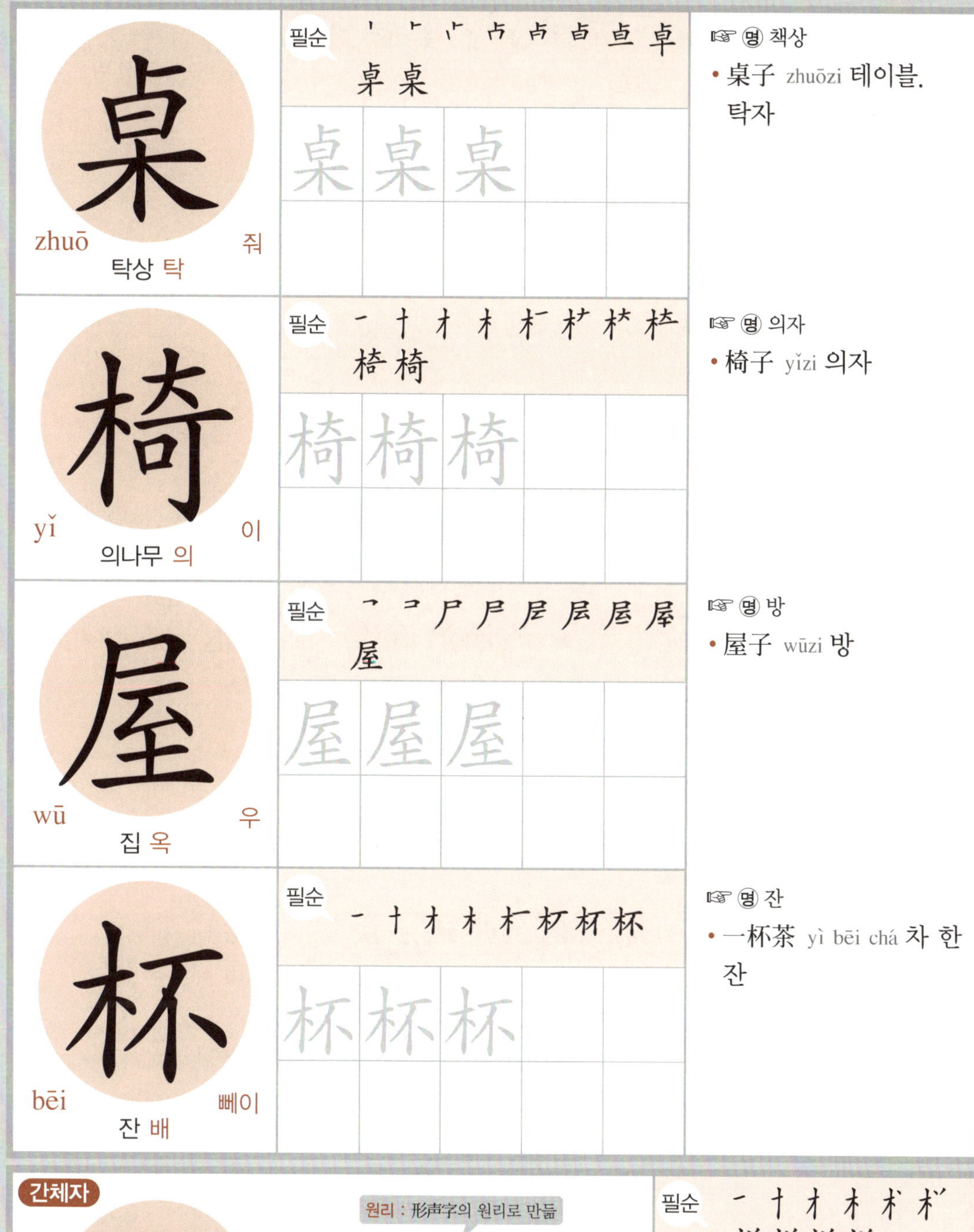

	桌	
zhuō 쥐 탁상 **탁**	필순: 桌桌	☞ 몡 책상 • 桌子 zhuōzi 테이블. 탁자

	椅	
yǐ 이 의나무 **의**	필순: 椅椅	☞ 몡 의자 • 椅子 yǐzi 의자

	屋	
wū 우 집 **옥**	필순: 屋	☞ 몡 방 • 屋子 wūzi 방

	杯	
bēi 뻬이 잔 **배**	필순: 杯杯杯	☞ 몡 잔 • 一杯茶 yì bēi chá 차 한 잔

간체자

원리 : 形声字의 원리로 만듦

樣 ➡ 样

	样	
yàng 양 모양 **양**	필순: 栏样	☞ 몡 모양 • 样子 yàngzi 모양

政 zhèng 정
정사 정

필순 一 丁 下 下 正 正 正 政 政

☞ 명 정치
• 政府 zhèngfǔ 정부

府 fǔ °푸
곳집 부

필순 丶 亠 广 广 广 庐 府 府

☞ 명 관공서
• 政治 zhèngzhì 정치

治 zhì 즈
다스릴 치

필순 丶 丶 氵 氵 氵 治 治 治

☞ 동 다스리다
• 自治区 zìzhìqū 자치구

法 fǎ °파
법 법

필순 丶 丶 氵 氵 氵 泮 法 法

☞ 명 법
• 方法 fāngfǎ 방법
• 法语 Fǎyǔ 프랑스어

부 록

- 간체자 번체자 상용자 색인
- HSK갑급 漢字색인
- 참고문헌

爱 愛 (ài)	发 發 (fā)	来 來 (lái)
办 辦 (bàn)	飞 飛 (fēi)	兰 蘭 (lán)
帮 幫 (bāng)	风 風 (fēng)	乐 樂 (lè, yuè)
报 報 (bào)	复 復 (fù)	离 離 (lí)
笔 筆 (bǐ)	干 幹 (gàn)	里 裏 (lǐ)
毕 畢 (bì)	个 個 (gè)	礼 禮 (lǐ)
币 幣 (bì)	关 關 (guān)	丽 麗 (lì)
边 邊 (biān)	观 觀 (guān)	联 聯 (lián)
标 標 (biāo)	广 廣 (guǎng)	练 練 (liàn)
补 補 (bǔ)	国 國 (guó)	两 兩 (liǎng)
才 纔 (cái)	过 過 (guò)	陆 陸 (lù)
参 參 (cān)	汉 漢 (hàn)	录 錄 (lù)
长 長 (cháng, zhǎng)	号 號 (hào)	乱 亂 (luàn)
尝 嘗 (cháng)	后 後 (hòu)	马 馬 (mǎ)
厂 廠 (chǎng)	华 華 (huá)	买 買 (mǎi)
车 車 (chē)	画 畫 (huà)	卖 賣 (mài)
迟 遲 (chí)	欢 歡 (huān)	么 麽 (me)
础 礎 (chǔ)	还 還 (hái, huán)	门 門 (mén)
处 處 (chù)	会 會 (huì)	面 麵 (miàn)
从 從 (cóng)	极 極 (jí)	难 難 (nán)
带 帶 (dài)	几 幾 (jǐ)	脑 腦 (nǎo)
单 單 (dān)	见 見 (jiàn)	鸟 鳥 (niǎo)
当 當 (dāng)	将 將 (jiāng)	农 農 (nóng)
灯 燈 (dēng)	讲 講 (jiǎng)	苹 蘋 (píng)
点 點 (diǎn)	节 節 (jié)	气 氣 (qì)
电 電 (diàn)	仅 僅 (jǐn)	签 簽 (qiān)
东 東 (dōng)	进 進 (jìn)	亲 親 (qīn)
动 動 (dòng)	旧 舊 (jiù)	区 區 (qū)
对 對 (duì)	剧 劇 (jù)	权 權 (quán)
队 隊 (duì)	开 開 (kāi)	确 確 (què)
儿 兒 (ér)	块 塊 (kuài)	让 讓 (ràng)

热 熱 (rè)
认 認 (rèn)
伞 傘 (sǎn)
扫 掃 (sǎo)
伤 傷 (shāng)
审 審 (shěn)
声 聲 (shēng)
胜 勝 (shèng)
师 師 (shī)
时 時 (shí)
实 實 (shí)
适 適 (shì)
势 勢 (shì)
书 書 (shū)
术 術 (shù)
树 樹 (shù)
双 雙 (shuāng)
虽 雖 (suī)
随 隨 (suí)
岁 歲 (suì)
孙 孫 (sūn)
台 臺 (tái)
态 態 (tài)
体 體 (tǐ)
条 條 (tiáo)
铁 鐵 (tiě)
听 聽 (tīng)
厅 廳 (tīng)
头 頭 (tóu)
图 圖 (tú)
团 團 (tuán)

万 萬 (wàn)
网 網 (wǎng)
卫 衛 (wèi)
为 爲 (wéi, wèi)
无 無 (wú)
务 務 (wù)
习 習 (xí)
献 獻 (xiàn)
宪 憲 (xiàn)
乡 鄉 (xiāng)
响 響 (xiǎng)
写 寫 (xiě)
协 協 (xié)
兴 興 (xīng, xìng)
选 選 (xuǎn)
亚 亞 (yà)
阳 陽 (yáng)
养 養 (yǎng)
样 樣 (yàng)
钥 鑰 (yào)
药 藥 (yào)
业 業 (yè)
医 醫 (yī)
亿 億 (yì)
义 義 (yì)
艺 藝 (yì)
应 應 (yīng)
邮 郵 (yóu)
鱼 魚 (yú)
余 餘 (ài)
园 園 (yuán)

远 遠 (yuǎn)
愿 願 (yuàn)
云 雲 (yún)
运 運 (yùn)
杂 雜 (zá)
战 戰 (zhàn)
这 這 (zhè)
证 證 (zhèng)
只 隻 (zhī)
执 執 (zhí)
制 製 (zhì)
质 質 (zhì)
钟 鐘 (zhōng)
种 種 (zhǒng)
众 眾 (zhòng)
专 專 (zhuān)
装 裝 (zhuāng)
状 狀 (zhuàng)
准 準 (zhǔn)
总 總 (zǒng)

0059甲	场	chǎng, cháng	153
0060甲	唱	chàng	73
0061甲	朝	cháo	143
0062甲	车	chē	28
0063甲	晨	chén	26
0064甲	城	chéng	88
0065甲	成	chéng	78
0066甲	吃	chī	74
0067甲	持	chí	119
0068甲	迟	chí	114
0069甲	抽	chōu	69
0070甲	初	chū	100
0071甲	出	chū	76
0072甲	除	chú	163
0073甲	楚	chǔ	138
0074甲	础	chǔ	92
0075甲	处	chù	89
0076甲	穿	chuān	58
0077甲	船	chuán	28
0078甲	窗	chuāng	85
0079甲	床	chuáng	22
0080甲	吹	chuī	73
0081甲	春	chūn	14
0082甲	磁	cí	93
0083甲	词	cí	93
0084甲	次	cì	148
0085甲	从	cóng	142
0086甲	村	cūn	88
0087甲	错	cuò	130
0088甲	答	dá	98
0089甲	打	dǎ	69
0090甲	大	dà, dài	30
0091甲	戴	dài	58
0092甲	带	dài	93
0093甲	代	dài	111
0094甲	单	dān	135
0095甲	但	dàn	161
0096甲	蛋	dàn	47
0097甲	当	dāng	142
0098甲	刀	dāo	85
0099甲	倒	dǎo, dào	69
0100甲	导	dǎo	97
0101甲	到	dào	77
0102甲	道	dào	74
0103甲	得	dé, de	144, 164
0104甲	的	de	164
0105甲	灯	dēng	85
0106甲	等	děng	111
0107甲	低	dī	139
0108甲	地	dì, de	164
0109甲	第	dì	167
0110甲	弟	dì	24
0111甲	点	diǎn	26
0112甲	典	diǎn	73
0113甲	电	diàn	62
0114甲	店	diàn	59
0115甲	掉	diào	83
0116甲	调	diào, tiáo	124

0175甲	哥	gē	23
0176甲	歌	gē	102
0177甲	个	gè	148
0178甲	各	gè	45
0179甲	给	gěi	80
0180甲	根	gēn	152
0181甲	跟	gēn	162
0182甲	更	gèng	155
0183甲	工	gōng	89
0184甲	公	gōng	29
0185甲	共	gòng	29
0186甲	够	gòu	144
0187甲	姑	gū	19
0188甲	故	gù	102
0189甲	顾	gù	57
0190甲	刮	guā	36
0191甲	挂	guà	70
0192甲	关	guān	112
0193甲	观	guān	53
0194甲	馆	guǎn	88
0195甲	惯	guàn	103
0196甲	广	guǎng	98
0197甲	贵	guì	125
0198甲	国	guó	94
0199甲	果	guǒ	61
0200甲	过	guò, guo	77
0201甲	哈	hā	167
0202甲	孩	hái	168
0203甲	海	hǎi	34
0204甲	寒	hán	141
0205甲	喊	hǎn	74
0206甲	汉	hàn	98
0207甲	好	hǎo	157
0208甲	号	hào	100
0209甲	喝	hē	73
0210甲	和	hé	131
0211甲	何	hé	41
0212甲	合	hé	53
0213甲	河	hé	36
0214甲	黑	hēi	92
0215甲	很	hěn	155
0216甲	红	hóng	41
0217甲	候	hòu	27
0218甲	后	hòu	25
0219甲	忽	hū	160
0220甲	湖	hú	33
0221甲	互	hù	159
0222甲	户	hù	85
0223甲	花	huā	35
0224甲	画	huà	83
0225甲	划	huá	83
0226甲	化	huà	112
0227甲	话	huà	98
0228甲	坏	huài	127
0229甲	欢	huān	79
0230甲	还	hái, huán	81
0231甲	换	huàn	57
0232甲	黄	huáng	41

0233甲	回 huí	76	0262甲	检 jiǎn	120
0234甲	会 huì	146	0263甲	简 jiǎn	135
0235甲	活 huó	117	0264甲	践 jiàn	103
0236甲	火 huǒ	28	0265甲	见 jiàn	123
0237甲	或 huò	163	0266甲	件 jiàn	147
0238甲	基 jī	92	0267甲	健 jiàn	67
0239甲	机 jī	29	0268甲	建 jiàn	120
0240甲	鸡 jī	47	0269甲	将 jiāng	103
0241甲	极 jí	161	0270甲	江 jiāng	34
0242甲	集 jí	53	0271甲	讲 jiǎng	75
0243甲	急 jí	126	0272甲	蕉 jiāo	61
0244甲	级 jí	60	0273甲	交 jiāo	123
0245甲	挤 jǐ	69	0274甲	脚 jiǎo	65
0246甲	几 jǐ	42	0275甲	角 jiǎo	150
0247甲	己 jǐ	46	0276甲	饺 jiǎo	168
0248甲	绩 jì	100	0277甲	教 jiāo	80
0249甲	技 jì	99	0278甲	较 jiào	159
0250甲	济 jì	101	0279甲	叫 jiào	82
0251甲	寄 jì	117	0280甲	接 jiē	83
0252甲	计 jì	101	0281甲	街 jiē	84
0253甲	记 jì	122	0282甲	节 jié	152
0254甲	继 jì	118	0283甲	结 jié	122
0255甲	纪 jì	102	0284甲	解 jiě	83
0256甲	家 jiā	22	0285甲	姐 jiě	20
0257甲	加 jiā	54	0286甲	界 jiè	103
0258甲	假 jiǎ, jià	114	0287甲	借 jiè	81
0259甲	驾 jià	102	0288甲	介 jiè	55
0260甲	坚 jiān	119	0289甲	斤 jīn	152
0261甲	间 jiān	22	0290甲	今 jīn	25

0465甲	青 qīng	18	0494甲	上 shàng	16
0466甲	轻 qīng	128	0495甲	烧 shāo	32
0467甲	清 qīng	138	0496甲	少 shǎo	42
0468甲	晴 qíng	34	0497甲	绍 shào	55
0469甲	情 qíng	137	0498甲	舍 shè	87
0470甲	请 qǐng	82	0499甲	社 shè	89
0471甲	秋 qiu	14	0500甲	设 shè	120
0472甲	球 qiú	39	0501甲	身 shēn	64
0473甲	求 qiú	118	0502甲	深 shēn	127
0474甲	取 qǔ	97	0503甲	什 shén	43
0475甲	去 qù	76	0504甲	神 shén	106
0476甲	全 quán	160	0505甲	声 shēng	154
0477甲	确 què	137	0506甲	生 shēng	30
0478甲	然 rán	163	0507甲	省 shěng	106
0479甲	让 ràng	82	0508甲	剩 shèng	118
0480甲	热 rè	126	0509甲	胜 shèng	54
0481甲	人 rén	24	0510甲	师 shī	21
0482甲	任 rèn	43	0511甲	十 shí	12
0483甲	认 rèn	121	0512甲	拾 shí	13
0484甲	日 rì	91	0513甲	时 shí	27
0485甲	容 róng	138	0514甲	食 shí	50
0486甲	肉 ròu	50	0515甲	实 shí	137
0487甲	如 rú	162	0516甲	识 shí	121
0488甲	赛 sài	38	0517甲	史 shǐ	104
0489甲	三 sān	10	0518甲	使 shǐ	82
0490甲	散 sàn	38	0519甲	始 shǐ	113
0491甲	色 sè	105	0520甲	示 shì	110
0492甲	山 shān	40	0521甲	世 shì	103
0493甲	商 shāng	59	0522甲	事 shì	107

0523甲	是	shì	78	0552甲	酸	suān	128
0524甲	适	shì	133	0553甲	算	suàn	56
0525甲	市	shì	88	0554甲	虽	suī	163
0526甲	室	shì	91	0555甲	岁	suì	148
0527甲	视	shì	105	0556甲	所	suǒ	166
0528甲	试	shì	96	0557甲	他	tā	44
0529甲	收	shōu	57	0558甲	它	tā	45
0530甲	手	shǒu	65	0559甲	她	tā	44
0531甲	首	shǒu	154	0560甲	抬	tái	72
0532甲	输	shū	60	0561甲	太	tài	34
0533甲	舒	shū	136	0562甲	态	tài	106
0534甲	书	shū	90	0563甲	谈	tán	75
0535甲	熟	shú	130	0564甲	汤	tāng	51
0536甲	术	shù	99	0565甲	堂	táng	50
0537甲	树	shù	36	0566甲	糖	táng	51
0538甲	束	shù	122	0567甲	躺	tǎng	68
0539甲	数	shù	58	0568甲	讨	tǎo	74
0540甲	双	shuāng	153	0569甲	特	tè	141
0541甲	谁	shéi, shuí	42	0570甲	疼	téng	32
0542甲	水	shuǐ	36	0571甲	踢	tī	39
0543甲	睡	shuì	66	0572甲	提	tí	70
0544甲	说	shuō	74	0573甲	题	tí	109
0545甲	思	sī	99	0574甲	体	tǐ	40
0546甲	死	sǐ	66	0575甲	天	tiān	14
0547甲	四	sì	10	0576甲	条	tiáo	49
0548甲	送	sòng	81	0577甲	跳	tiào	63
0549甲	嗽	sòu	32	0578甲	听	tīng	77
0550甲	宿	sù	87	0579甲	停	tíng	119
0551甲	诉	sù	80	0580甲	庭	tíng	22

0581甲	挺	tǐng	156	0610甲	闻	wén	77
0582甲	通	tōng	81	0611甲	问	wèn	73
0583甲	同	tóng	20	0612甲	我	wǒ	44
0584甲	痛	tòng	140	0613甲	握	wò	71
0585甲	头	tóu	64	0614甲	屋	wū	169
0586甲	突	tū	131	0615甲	五	wǔ	11
0587甲	图	tú	88	0616甲	午	wǔ	26
0588甲	团	tuán	106	0617甲	舞	wǔ	63
0589甲	推	tuī	70	0618甲	物	wù	48
0590甲	腿	tuǐ	64	0619甲	务	wù	115
0691甲	退	tuì	57	0620甲	误	wù	107
0592甲	脱	tuō	71	0621甲	西	xī	15
0593甲	袜	wà	59	0622甲	息	xī	115
0594甲	外	wài	17	0623甲	希	xī	124
0595甲	玩	wán	54	0624甲	习	xí	95
0596甲	完	wán	114	0625甲	喜	xǐ	79
0597甲	碗	wǎn	92	0626甲	洗	xǐ	59
0598甲	晚	wǎn	27	0627甲	系	xì	108
0599甲	万	wàn	12	0628甲	细	xì	140
0600甲	往	wǎng	142	0629甲	下	xià	16
0601甲	望	wàng	124	0630甲	夏	xià	14
0602甲	忘	wàng	97	0631甲	先	xiān	21
0603甲	危	wēi	140	0632甲	险	xiǎn	138
0604甲	围	wéi	107	0633甲	现	xiàn	110
0605甲	为	wèi	143	0634甲	相	xiāng, xiàng	63
0606甲	伟	wěi	139	0635甲	香	xiāng	61
0607甲	喂	wèi	167	0636甲	想	xiǎng	146
0608甲	位	wèi	149	0637甲	响	xiǎng	117
0609甲	文	wén	90	0638甲	像	xiàng	78

참고문헌(간체자 제작원리 관련도서)

张书岩 等　《简化字溯源》语言出版社 1997

沈克成 等　《汉字简化说略》人民日报出版社 2001

苏培成　《简化字与繁体字的转换》语文研究 1993

易熙吾　《简体字源》中华书局 1955

江蓝生 等　《简化字繁体字对照字典》上海辞书出版社 2007

高更生　《现行汉字规范问题》商务印书馆 2002

张桂光　《汉字学简论》广东高等教育出版社 2004

史定国　《简化字研究》商务印书馆 2004

谢光辉　《汉语字源字典》北京大学出版社 2004

周有光　《汉字改革概论》文字改革出版社 1979

李大遂　《简明实用汉字学》北京大学出版社 1993

王显春　《汉字的起源》学林出版社 2003

苏培成　《现代汉字学纲要》北京大学出版社 2007

樊中岳　《常用草书速查手册》湖北美术出版社 1994

吴玉章　《文字改革文集》中国人民大学出版社 1978

王军 等　《汉字学》语言出版社 2005

范立荣　《汉字速记》电子工业出版社 1991

李乐毅　《简化字来源》华语教学出版社 1996

宋均芬　《汉语文字学》北京大学出版社 2005

王玉新　《汉字认知研究》山东大学出版社 2000

唐光志　《常用汉字快写法》中国青年出版社 1990

陈光尧　《简化汉字字体说明》中华书局 1956

후기

　13억 중국인이 현재 쓰고있는 간체자는, 중국 고대의 전적자료를 보면 중국이 성립되고 나서 새로 만든 글자도 있는 반면, 일찍이 2,200년 전부터도 긴락회헤서 써왔던 글자도 많았다고 합니다. 秦(진)나라 때 쓰던 간체자로는 '个(個) 云(雲) 电(電) 里(裏) 从(從) 才(纔) 后(後) 丰(豐) 气(氣) 挂(掛)' 등이 있고, 漢나라 때에는 '办(辦) 报(報) 长(長) 车(車) 东(東) 发(發) 国(國) 会(會) 见(見) 来(來) 乐(樂) 离(離) 礼(禮) 马(馬) 买(買) 卖(賣) 门(門) 实(實) 时(時) 书(書) 头(頭) 万(萬) 为(爲) 写(寫) 兴(興) 页(頁) 应(應) 鱼(魚)' 등이 있고, 위·진·남북조 때에는 '爱(愛) 笔(筆) 床(牀) 顾(顧) 乱(亂) 热(熱) 图(圖) 袜(襪) 习(習)' 등이 있고, 수·당나라 때에는 '参(參) 刮(颳) 还(還) 节(節) 面(麵) 师(師) 双(雙) 种(種)' 등이 있고, 송·요·금·원나라 때에는 '边(邊) 灯(燈) 点(點) 对(對) 观(觀) 广(廣) 画(畫) 几(幾) 旧(舊) 炼(煉) 练(練) 两(兩) 难(難) 齐(齊) 亲(親) 声(聲) 虽(雖) 体(體) 条(條) 听(聽) 务(務) 阳(陽) 医(醫) 阴(陰) 园(園) 远(遠) 装(裝)' 등이 있고, 명·청나라 때에는 '表(錶) 处(處) 儿(兒) 坏(壞) 欢(歡) 鸡(鷄) 联(聯) 么(麽) 响(響) 义(義) 愿(願) 这(這) 总(總)' 등이 있고, 중화민국 때에는 '帮(幇) 飞(飛) 过(過) 汉(漢) 块(塊) 让(讓) 岁(歲) 样(樣) 药(藥) 亿(億) 杂(雜) 脏(臟髒) 只(隻) 钟(鐘鍾)' 등이 있고, 현재 중국이 성립되고 나서부터 문자 개혁 전까지의 시기에는 '层(層) 产(産) 厂(廠) 础(礎) 导(導) 动(動) 风(風) 划(劃) 极(極) 讲(講) 进(進) 开(開) 历(歷) 农(農) 认(認) 胜(勝) 适(適) 术(術) 态(態) 业(業) 艺(藝) 邮(郵) 运(運)' 등이 있었다고 합니다. (이상의 간체자 출처는 '李乐毅 ≪简化字来源≫华语教学出版社 1996'의 330쪽에 있는 '간체자가 처음으로 나타난 시대 일람표'에서 발췌) 이상 출처를 참고로 알아두시면

중국 고대 문헌을 연구하시는 분에게는 도움이 될 것입니다.

　그리고 본서에 나오는 간체자 제작원리 10은 편자가 임의대로 정한 것입니다. 중국에서 간체자를 연구하는 많은 학자들이 서로 주장하는 간체자의 제작 원리가 학자들의 견해에 따라 각각 다르기 때문에, 본서는 고대의 전적을 중심으로 규정된 자료에 입각하여 제작원리를 정리하였습니다. 이 제작원리를 어떤 학자들은 7가지나 8가지로 구분하는 경우도 있고, 어떤 학자는 10가지 이상으로 세분화하여 원리를 규정하는 경우도 있습니다. 7, 8가지의 구분은 좀 구체적이지 못하고, 12, 13가지로 구분한 것은 너무 방만하여 어떻게 보면 이 원리인 것 같기도 하고 저 원리인 것 같기도 하고 해서, 독자들이 보기에 자세한 것 같아 보여도 어느 규칙으로 알아둬야 할지 헷갈리는 경우가 생기게 됩니다. 따라서 본서에서는 그 원리들을 바로 쉽게 납득할 수 있는 차원에서 10가지로 규정하여 정리를 하게 되었다는 점 밝혀둡니다.

　또 한가지 확실하게 규정짓기 어려웠던 제작원리 중 하나는 바로 초서체(草書體)에서 해서화(楷書化)한 간체자들인데요, 고대 문헌의 초서의 전적을 보면 간체자의 거의 대부분이 초서에서 나온 거라고 해도 지나치지 않은 것처럼 보입니다. 그만큼 고대에는 왕희지나 구양수같은 서예가들이 한자를 거의 대부분 흘림체로 써왔던 게지요. 그런데 배우기도 힘들고 전문 서예인이나 알아볼 수준의 초서체를 모든 간체자마다 다 언급하다보면 자칫 난해해지고 간체자를 더 어렵게 배우게 되는 역효과가 나지 않을까 고민이 되었습니다. 다행히 그런 글자들은 고대부터 속자 등으로 써온 것으로 규정진 것이 많았기에 제작원리를 일일이 초서의 원리로 처리하지는 않았습니다.

　중국 속담에 '十年磨一劍(십 년 동안 오직 검 하나만을 갈다)' 이라는 말이 있습니다.

이번 중국 한자 쓰기본에 간체자의 제작 원리를 넣는 것은 편자의 도전적인 모험이었습니다. 허나 편자의 일천한 자료 조사 기간으로 보다 심혈을 기울이지 못한 점이 아쉬움으로 남습니다. 차후 개정판을 낼 때 독자들이 다 만족해하는 원리를 규정할 것을 기약하면서, 본서가 여러분들의 간체자 학습에 도움이 되기를 바랍니다.

金映潮(김영조)

2009년 1월

佛岩山(불암산)에서